MW00770186

Denis Waitley

SEMILLAS DE GRANDEZA

Los 10 secretos mejor guardados
para lograr el éxito en su vida

TALLER DEL ÉXITO

SEMILLAS DE GRANDEZA

Título en inglés: Seeds of Greatness
Traducción: Taller del Éxito Inc.

Publicado por:

Taller del Exito, Inc
1669 N.W. 144 Terrace, Suite 210
Sunrise, Florida 33323
Estados Unidos

Editorial dedicada a la difusión de libros y audiolibros de desarrollo personal, crecimiento personal, liderazgo y motivación.

Diseño de carátula: Diego Cruz

ISBN 10: 1-607380-35-8
ISBN 13: 978-1-60738-035-1

Printed in Venezuela
Impreso en Venezuela

Primera edición

10 11 12 13 14 E|VE 06 05 04 03 02

CONTENIDO

DEDICATORIA

A la amada memoria de la mujer más importante de mi vida, mi hermosa abuela Mabel Reynolds Ostrander, quien plantó semillas de grandeza en mí, y dedicó su vida a cultivar su familia.

COMENTARIO DEL AUTOR:

La esencia de mi vida es esta:
La sonrisa de un bebé, un beso del ser amado...
Un libro, un árbol, el mar, un amigo...
Y tan sólo un corto espacio de tiempo disponible.

PREFACIO

Soy un científico comportamental interesado en identificar modelos que contribuyan a la excelencia y bienestar del ser humano. Durante los últimos cuarenta años, he estudiado astronautas, atletas profesionales y olímpicos, altos ejecutivos corporativos, padres exitosos, y líderes en todos los campos.

Semillas de grandeza revela diez principios fundamentales para obtener el éxito, basados tanto en la infinita sabiduría de las Escrituras como en los últimos descubrimientos de la ciencia médica. Ya que a pesar de ser tan obvios, dichos principios se practican con poca frecuencia en nuestra sociedad, yo los llamo: "Los diez secretos mejor guardados para obtener el éxito total".

Semillas de grandeza no es un libro pasajero, sino de hechos concretos – lleno de verdades y valores que sobreviven a las etapas de toda sociedad.

Contiene actitudes triunfadoras puestas a prueba por el paso de los años, que le sirven tanto al gerente comercial, como al maestro, programador de sistemas, ingeniero, ejecutivo de ventas, aprendiz, oficinista, obrero de fábrica, ama de casa, padre de familia, atleta o estudiante.

También es para usted, si realmente nunca triunfó o si simplemente quiere más del éxito que ya está disfrutando; o si ya lo había logrado y lo perdió, pero le gustaría volver a conseguirlo y mantenerlo.

Este es un trabajo único porque explica conceptos sicológicos complejos en un lenguaje fácil de entender, empleando ejemplos de la vida real que causen el máximo interés y logren la mayor comprensión posible. Explica y documenta actitudes ejemplificadas por individuos entusiastas y de alto desempeño profesional y personal. Además le muestra al lector cómo cambiar su estilo cotidiano de vida por las mejores y más comprobadas técnicas y métodos de autoadministración.

Este es un libro para leer, releer, estudiar, subrayar, discutir y distribuir entre empleados, amigos y familiares. Lejos de ser un "remedio rápido y pasajero" que le proporcione buen humor o le haga sentir mejor por un día o dos, es una guía sobre cómo lograr tener éxito a través de la vida. Los diez capítulos ofrecen soluciones a los problemas que ejercen en nosotros las mayores presiones y confrontaciones diarias.

Las siguientes preguntas inspiraron la realización de este libro:

- ¿Quiénes son los individuos más felices y mayormente productivos?
- ¿Cuáles son las características más excepcionales en el liderazgo de un directivo o un padre de familia?
- ¿Cómo podemos obtener el control de nuestros pensamientos, reacciones y tiempo?
- ¿Cómo logramos bienestar emocional, buen estado físico y espiritual?

A medida que comienza a leer, usted debería hacerse algunas otras preguntas que le ayuden a sacar el máximo beneficio de este material. Por ejemplo:

- ¿Mis empleados me querrían como su jefe?
- ¿Me gustaría tenerme como mi pareja?
- ¿Le gustaría a los miembros de un equipo que yo fuera su entrenador?
- ¿Me agradaría ser mi papá o mi mamá?
- ¿Quisiera tenerme como mi amigo?

Algunas respuestas a las preguntas anteriores pueden ser afirmativas. Otras probablemente sean, "No estoy seguro". Pero cualquiera que sean sus respuestas, este libro tendrá un significado especial para su vida. Creo que usted va a disfrutarlo y espero que cambie su manera de ver las cosas – ¡comenzando hoy mismo!

PRÓLOGO

"Semillas de grandeza"

Mi abuela Mabel Reynolds Ostrander y yo compartimos una de esas relaciones tan especiales y excepcionales como puede ser un arco iris doble. Ella tenía cincuenta y tres años cuando yo tenía diez. Fue entonces cuando plantamos nuestro primer jardín de "victorias" juntos, durante la Segunda Guerra Mundial. Sembramos semillas juntos — tanto en la tierra— como en cada uno de nosotros.

Mi abuela vivió ochenta y siete primaveras sin la menor queja. Yo tenía cuarenta y cuatro años cuando la vi por última vez. Pero recuerdo cada tártara de limón y frutas picadas, cada bocado de "intentos" de postre de manzana, y cada vaivén repetitivo de sus manos (fuera del alcance de la vista —o por lo menos así ella lo creía), a medida que tejía cortinas al estilo Priscilla en la pequeña casa del 18 Oeste de la avenida Pensilvania en San Diego, California, donde yo nací y fui criado. Mientras nuestra camioneta llena de niños y algarabía se alejaba lentamente del andén, mirábamos hacia atrás y le decíamos adiós con la mano — y yo miraba fijamente su frágil silueta a través del espejo retrovisor, deseando poder enmarcarla allí para siempre, en esa pose — tratando de adivinar cuántas celebraciones más de Pascua y Navidad nos quedarían por compartir.

Más que todo, tengo el recuerdo de mi abuela y yo sembrando semillas. Plantábamos squash, frijol, maíz, sandía, remolacha, pensamientos, crisantemos y otras flores. Admitiré que manejaba mi bicicleta esas veinte millas cada sábado, más por el beneficio de la conversación y los postres caseros, que por los vegetales y las flores. Pero sin importar qué tan lleno estuviera después de comer, siempre quedaba hambriento de la sabiduría y optimismo que ella me compartía.

Nunca olvidaré el día que disfrutamos de nuestra primera cosecha como resultado de cruzar un árbol de ciruela con uno de albaricoque. La fruta madura era rosada, ni morada como la ciruela, ni naranja como el albaricoque, sino una combinación de las dos. "¡Mmm! ¿Crees que tendrá algo de rica?", preguntaba yo. "¡Pero claro que será deliciosa! Me reprendía. ¿No la plantamos, la nutrimos y la podamos?"

Con toda seguridad, ellas sabían delicioso aunque fueran distintas a cualquier otra fruta que hubiera visto hasta entonces. Eso se debía a que eran frutas al igual que las demás. ¡Eran cirue-coques! Decía ella con regocijo. "Siempre obtendrás de lo que hayas sembrado", seguía diciendo a medida que nos sentábamos bajo el árbol comiendo más de los que recogíamos.

"Planta semillas de manzanas y cosecharás árboles de manzana; planta bellotas y cosecharás arboles de roble majestuosos; planta maleza y recogerás maleza (aún si no la riegas); planta semillas de grandes ideas y obtendrás grandes individuos", decía ella suave y atentamente, mirándome directamente a los ojos. "¿Entiendes lo que esto significa?" Yo asentía recordando que la había escuchado decir lo mismo antes, y en distintas formas.

Aprendí de mi abuela que las semillas de grandeza no son genes especiales, o un don congénito, ni una cuenta heredada en un banco, ni el intelecto o la belleza del tono de una piel, la raza, el género, o el estatus. Las semillas de grandeza son actitudes y creencias que surgen en los niños por medio de observar, imitar e internalizar los estilos de vida de modelos significativos de sus líderes y héroes.

"Modela tus pensamientos y acciones basado en hombres y mujeres que han sido apasionados, excelentes, honestos, sin egoísmos y creativos en su servicio a los demás", me aconsejaba mi abuela. Armado con esa afirmación, me lancé de un lado para otro y coseché mi propio legado en la vida.

He viajado por todo el mundo y los siete mares. He estado en la cima y también me he visto postrado de rodillas. He sido bendecido con abundancia y con mucha maleza. Pero nunca he dejado de interesarme por las necesidades ajenas. A medida que usted planta su propio jardín, como cualquier otro, recuerde las palabras de mi amada abuela: "Si está pensando cosechar una vida de grandes resultados, recuerde que primero tiene que plantar semillas de grandeza".

1

LA SEMILLA DE LA AUTOESTIMA DEL AMOR A SÍ MISMO A LA AUTOESTIMA

---

1. Lo que "Buckwheat" nos enseña sobre la autoestima.
2. El primer secreto mejor guardado para obtener el éxito total.
3. No se deje engañar por la máscara que uso.
4. Temor: un aprendizaje falso que parece real.
5. Cómo se planta la mala semilla del miedo.
6. Cómo liderar (y amar) sin miedo.
7. Cómo aferrarse a sus sueños.
8. Usted es una pieza maestra de la creación.
9. 10 pasos de acción para construir su autoestima.
10. Preguntas acerca de su autoestima.

1. LO QUE "BUCKWHEAT" NOS ENSEÑA SOBRE LA AUTOESTIMA

Mis amigos Stan y Georglyn tienen un Yorkshire Terrier. Es un pequeñín con un pelo largo y hermoso que necesita cepillarse diariamente. De hecho "Buckwheat" no pertenece realmente a mis amigos, sino a su hija Natalie.

Cuando Natalie y sus padres se mudaron a su nuevo hogar en Mesa, Arizona, instalaron una piscina para aprovechar el clima. Allí plantaron lo que iba a ser un prado exuberante y verde alrededor de ella e instalaron irrigadores subterráneos. Buckwheat no podía dejar de meter sus narices en todo. Se caía entre la piscina y algunas veces lograba salirse, aunque otras era necesario sacarlo; luego se sacudía furioso para sacarse el agua y se revolcaba entre el fertilizante que se le aplicaba a la tierra recién instalada. Cuando Natalie trataba de cepillarle su enmarañado pelo, este le aullaba y le gruñía.

Cada día Buckwheat exploraba su nuevo territorio. Cuando los irrigadores comenzaban a funcionar automáticamente agarrándolo desprevenido, él perseguía y pretendía morder a estos "invasores", ladrando incesantemente para alertar a la familia. Cuando Nathan –el hermano de Natalie— limpiaba la piscina, la larga manguera iba descontrolada de un lado para otro como una manguera de incendio sin nadie que la sostenga. Buckwheat llegaba al rescate y atacaba valientemente al agua, gruñendo y mordiendo al enemigo.

Luego de la batalla, nuevamente se revolcaba entre el fertilizante, el cual hacía parecer el césped como el centro de un campo de futbol en el tiempo intermedio durante un día lluvioso. ¡Buckwheat se veía como si hubiera jugado de centro para el equipo perdedor! Su pelaje embarrado y enredado quedaba irreparable.

Más tarde, en la sala de belleza para perros, el pronóstico era el que la familia se había temido – ¡Se hacía necesario cortar la cabellera de Buckwheat! Se requería de tres personas para sostenerlo quieto durante la operación, la cual consistía en afeitarlo casi a ras con su piel.

La llegada a la casa tampoco era lo que el pequeño Buckwheat esperaba, después de todo a lo que había sido sujeto. Cuando lo cardaban dentro de la casa, los otros niños –Leah y Halie— se reían y se burlaban de él porque ya no parecía un hermoso "Yorkie", sino más bien una rata gigante de una película de ciencia ficción en la que la naturaleza se venga de la tecnología, produciendo una extraña mutación.

Buckwheat reaccionaba a las bromas escondiéndose debajo del sofá. En lugar de subirse en el regazo de todos, lamerles la cara a quienes se dispusieran, se acobardaba ante la audiencia. Cuando finalmente le era necesario buscar alimento o agua, se escabullía por detrás del sofá y de las sillas hasta su plato, hasta cuando la familia dejaba la zona de alimentación. Se sentaba en una esquina de la casa durante dos días, temblando incontrolablemente cada vez que alguien se le acercaba. Tomaba varios días de afecto, contacto y caricias constantes de la familia, antes que él se convenciera que todavía era aceptado.

Cuento esta historia porque nos enseña una lección crucial. Cuando Buckwheat perdió su bello pelaje, perdió algo más que su belleza. Las risas burlonas le trasmitieron que él ya no hacía parte del grupo. Su temblor no se debía primeramente al frio, sino a que se sentía asustado, solo y rechazado. En pocas palabras, su autoestima se redujo a cero. Su temblor temeroso no era distinto a la cobardía de miles de seres humanos que están escondiéndose entre las sombras del rechazo. Y la recuperación de la autoestima de Buckwheat —lograda solamente con muchas caricias y cuidado—, ilustra perfectamente el más precioso regalo que pueda darse o recibirse: el regalo del amor.

2. EL PRIMER SECRETO MEJOR GUARDADO PARA OBTENER EL ÉXITO TOTAL

Existen muchas definiciones e interpretaciones de amor. Siempre he visto este sentimiento como la aceptación incondicional y la "búsqueda de lo bueno". Quizás una de las mejores y más apropiadas descripciones de amor corresponde a la dada por el doctor Gerald Jampolsky, un reconocido siquiatra, autor y fundador de la institución para mejorar la actitud —Centre for Attitudinal Healing—, en la ciudad de Tiburón localizada en California. Él ha dedicado su carrera a enseñarles a niños y adultos que experimentan crisis emocionales y físicas que "el amor es dejar atrás el temor".

Con amor no puede existir el temor. El amor es natural e incondicional, no hace preguntas, ni reproches, ni exigencias; tampoco hace comparaciones ni medidas; el amor es —pura y sencillamente— el valor más grande de todos.

El primer secreto mejor guardado para obtener el éxito total es que debemos sentir amor dentro de nosotros antes que podamos ofrecerlo a los demás.

Sencillo, ¿no es cierto? Si no hay profundidad, un sentimiento interno de valor dentro de nosotros, entonces no tenemos nada que dar o compartir con los demás. Podemos necesitarlos, depender de ellos, buscar seguridad, mimarlos, halagarlos y pretender comprarlos, pero no podemos brindarle emociones a alguien, a menos que primero nosotros poseamos esa emoción en nuestro interior.

3. NO SE DEJE ENGAÑAR POR EL USO DE LA MÁSCARA QUE USO

Ya que estoy viendo a *Semillas de grandeza* como mi carta personal para usted, me gustaría compartirle porciones de un escrito que descubrí durante la investigación que hice para escribir este libro. El autor es desconocido para mí, pero las palabras podrían haber sido escritas fácilmente por una voz interior que se esconde oculta, susurrándonos sobre nuestra frágil sensibilidad, vulnerabilidad y temores imaginarios hacia el rechazo:

"No te dejes engañar por mí. No te engañes con la cara que uso. Yo tengo una máscara y mil más –caretas que temo quitarme; y ninguna de ellas es quien yo soy.

Fingir es el arte en que consiste mi segunda naturaleza, pero no te dejes engañar. Por mi bien, no te dejes engañar. Doy la impresión de estar seguro, que todo es soleado y sereno dentro de mí y en mi entorno; que confianza es mi nombre, calma es mi juego y que estoy en control; y que no necesito de nadie. Pero no me creas por favor. Mi superficie parece suave, pero esa es mi máscara, mi siempre cambiante y disimulada máscara.

Debajo de ella no hay satisfacción ni complacencia. Debajo yace mi yo real y mi confusión, en temor, en soledad. Pero yo lo oculto. No quiero que nadie lo sepa. Siento pánico ante el pensamiento de mi debilidad y temo quedar expuesto. Por eso frenéticamente invento un antifaz para esconderme tras él —una despreocupada y sofisticada fachada— que me ayude a fingir, que me proteja de la mirada que escruta. Pero tal mirada es precisamente mi salvación, mi única salvación, y yo lo sé. Eso es, si es seguida por la aceptación; si es seguida por el amor.

Es todo lo que puede liberarme de mí mismo, de la cárcel que yo me construí, de las barreras erigidas tan laboriosamente. Es lo único que puede asegurarme de lo que yo mismo no puedo estar seguro –que soy realmente alguien...

Quién soy, puedes preguntarte. Soy alguien que conoces muy bien. Soy cada hombre que conoces. Soy cada mujer que conoces. Soy cada niño que conoces. Y estoy justo frente a ti. Por favor... ámame". [1]

Si el miedo al rechazo nos previene ante el hecho de ser amados y de expresar amor, ¿cómo nos alejamos del temor? ¿Qué le decimos a la voz subconsciente que controla nuestros sentimientos hacia nosotros y hacia los demás?

---

1. Dov, Pereta, Elkins *Me alegro de ser yo* (*Glad to Be Me*) (London: Prentice-Hall, 1977), pp. 28, 29.

4. TEMOR: UN APRENDIZAJE FALSO QUE PARECE REAL

Creo que la forma de derrotar al miedo es entendiendo sus raíces, suavizando el terreno alrededor suyo con una nueva ilustración, sacándolo –plantando la semilla de amor donde el temor creció fuerte. Para mí el temor es un aprendizaje falso que parece real. En mi experiencia, existen tres temores predominantes, más allá del temor a la muerte, que es el mayor de todos entre los individuos no espirituales:

- Temor al rechazo, que consiste en hacer el ridículo o fracasar a la vista o en presencia de otros.
- Temor al cambio, que es enfrentarse a aguas desconocidas, ser el primero, romper tradiciones, sacrificar la seguridad externa.
- Temor al éxito, el cual es una expresión de culpa asociada con el deseo natural de autogratificación.

El temor al rechazo comienza en nuestra temprana niñez cuando nos encontramos con el primer "¡No!" en el ejercicio natural de la curiosidad de explorar y gratificar nuestras propias necesidades. Desde antes que nazca un bebé, las expresiones de cuidado de la madre durante los nueve meses de embarazo, son importantes, como también lo son los niveles de ruido del ambiente y las sustancias que la madre consume, como resultado de su propia autoestima.

Los niños pequeños necesitan recibir ánimo a medida que intentan desarrollar sus primeras habilidades; necesitan felicitaciones cuando lo logran y comprensión cuando fallan; si son educados dentro de una familia que los cuida, los pequeñitos también desarrollan otros dos pasos importantes en su desarrollo sano hacia la madurez. Ellos desarrollan su primera relación amorosa significativa hacia otra persona, usualmente el padre del sexo opuesto, lo cual es natural; además establecen la pertenencia de objetos y lugares especiales de los que se apropian. Esta construcción de identidad –de valor posesivo— es un ingrediente importante en la calidad de la autoestima.

Los adolescentes necesitan establecer independencia, descubrir nuevas relaciones y competitividad fuera del núcleo familiar; piden la aceptación de su forma de ser, más que de sus logros de acuerdo con los estándares materialistas, como también requieren de reconocimiento.

Es sorprendente ver cómo los padres continúan pasándoles sus propios complejos a sus hijos. Esto me recuerda de la historia acerca de la joven esposa que cocinó un jamón para su reciente esposo. Antes de colocarlo en la sartén, le cortó los dos bordes. Cuando su esposo le preguntó por qué ella había hecho eso, ella le contestó que su madre siempre lo había hecho así. En una siguiente ocasión en que ellos estaban comiendo jamón horneado en la casa de su madre, él le preguntó a su suegra en forma casual, por qué le cortaba los bordes al jamón. La madre se encogió de hombros y dijo que realmente no sabía, excepto que su madre siempre lo hizo de esa manera. Finalmente, le preguntaron a la abuela por qué ella siempre le cortaba los bordes al jamón antes de hornearlo. Ella los miró suspicazmente y les dijo: "Porque mi bandeja de hornear es muy pequeña".

5. CÓMO SE PLANTA LA MALA SEMILLA DEL MIEDO

Este no es, en sí mismo, un libro sobre la crianza efectiva de los hijos, aunque creo que puede ayudar. Se pretende que sea sobre liderazgo en general. Ya que el temor es un motivador negativo universal que obliga o inhibe, donde sea que aparezca, es importante darnos cuenta que muchos temores provienen de la niñez como resultado de un factor amenazante.

El temor al rechazo puede surgir de las críticas tempranas hechas por nuestros padres, otros miembros de la familia, en algunos casos, por nuestros profesores, y más definitivamente, por nuestros pares; es la relación que tenemos con nuestros deslices. Los padres cometen los errores clásicos de educar a sus hijos diciéndoles: "niño malo", o "niña traviesa", "llorón", "malcriado", "ruidoso... torpe".

Mientras nosotros como padres realmente queremos usar esos rótulos para aplicarlos a la conducta de nuestros hijos, desafortunadamente, el niño lo toma personalmente, siendo incapaz de separar "quien" es él o ella, de lo que "hace". Eso es lo que se llama confundir el hacedor con la acción y es devastador a esa edad.

A medida que ellos llegan a la etapa escolar, reciben bromas de sus padres y compañeros con bastante frecuencia: "gordinflón", "dientes de ardilla", "pecoso", "larguirucho", "orejas de Dumbo", "cuatro ojos", "armatoste", "descuidado", "perezoso", y así sucesivamente.

Cuando estamos en la universidad o durante la vida profesional, no es muy distinto: "radical", intenso", "aburridor", "cuadriculado", "directo", "raro", "intolerante", "mojigato", "salvaje", "aburridor", "perdedor".

Los niños que crecen en ambientes llenos de "humillaciones", "sobrenombres" negativos y críticas, con frecuencia se convierten en adultos criticones, con menos que la autoestima adecuada. El temor al rechazo se transforma en temor al cambio, y ellos tienden a buscar seguridad en posiciones que vayan con el sistema para que "el barco no se hunda". El temor al cambio se traduce en temor al éxito. Y el temor al éxito, en mi opinión, es casi tan fuerte como el temor al rechazo.

El temor al éxito es tan prevaleciente en nuestra sociedad por la forma en que somos entrenados cuando niños. Primero, somos consentidos como infantes; luego, comenzamos a aprender que hay muchas cosas en las que no somos buenos, muchas otras que no debemos hacer, y todavía más importante, vemos a nuestros modelos de comportamiento en televisión y en internet, agrediéndose entre sí, peleando y matándose unos a otros, arruinándose la vida mutuamente, y milagrosamente, contentándose al final del programa. Observamos a nuestros roles modeladores en casa —nuestros padres—, preocupados con sus problemas financieros, a veces no tan amorosos entre sí, y moviendo su cabeza en señal de disgusto cuando ven las noticias de la noche como "la ventana de nuestro hermoso mundo". Antes que seamos enviados a enfrentarnos a dicho mundo como adolescentes o adultos jóvenes (actualmente los chicos están quedándose más tiempo en el "hotel mamá"), escuchamos opiniones que dicen que es mucho peor lo que afrontamos hoy que lo que nuestros padres tuvieron que enfrentar. Se nos advierte que debido a la inflación nunca seremos capaces de tener un hermoso hogar en una buena área, y que en lugar de eso debemos buscar un Fiat en un bloque en el que haya una torre de pisos con vista a una autopista.

Mientras todos estos desencantos suceden, la más extraña paradoja está ocurriendo: nuestros padres, sintiéndose culpables por no haber invertido suficiente tiempo para disfrutar de nuestra juventud junto a ellos, intentan comprar nuestro amor con dinero –inmerecidamente— y posesiones con las que nunca pudieron darse gusto a sí mismos. Y finalmente, nos dicen que salgamos al mundo y venzamos, peleemos por nuestros derechos, lo hagamos mejor que ellos, y nos recuerdan sutilmente: "Después de todo el sacrificio que hicimos invirtiendo en tu futuro, no lo eches a perder".

El resultado es el síndrome del temor al éxito, el cual es realmente el temor a intentarlo. Sus manifestaciones evidentes son la racionalización y el hecho de posponer las cosas para más adelante. "No puedo imaginarme teniendo éxito". "Puedo ver que te ocurra a ti, pero no que sea para mí". "Fui a aplicar a las 8:30, hora en que me dijeron que estuviera allí, pero la fila iba en la mitad del camino y mejor me fui". "Me gustaría pero no tengo la suficiente experiencia". "Voy a concentrarme en eso cuando tenga más tiempo... después que me retire".

Muchos individuos se dan cuenta que la gente común se ha vuelto muy frecuentemente productiva utilizando su creatividad. Conocen las biografías de personas que se han sobrepuesto a enormes discapacidades y barreras para volverse importantes. Pero no pueden pensar en que les ocurra a ellos. Se resignan a la mediocridad y hasta al fracaso, deseando y envidiando la vida de los demás. Desarrollan el hábito de mirar a los problemas del pasado (refuerzo del fracaso), e imaginando circunstancias similares en el futuro (pronosticando el fracaso). Como están controlados por el rechazo y la aceptación de estándares impuestos por terceros, con frecuencia fijan la mirada en alturas irreales.

No creyendo verdaderamente en la validez de sus sueños, y no preparándose lo suficientemente bien para sus metas, se quedan cortos una y otra vez.

El fracaso se instala en su autoimagen. Justo cuando parece que van a lograrlo, que llegarán a la cima, o harán un progreso real arruinan todo. En verdad, el temor al éxito les causó retardar la preparación de la acción creativa necesaria para alcanzarlo. Y la racionalización se posesiona para satisfacer al sentimiento subconsciente que dice que "no puedes esperar seguir adelante, cuando has pasado por lo que yo estoy pasando".

6. CÓMO LIDERAR (Y AMAR) SIN MIEDO

¿Cómo redirigimos nuestro pensamiento y ayudamos a otros a sobreponerse a los tres grandes temores? Las siguientes son algunas reglas prácticas para implementar en el ejercicio de liderazgo tanto con empleados como con niños:

a. Separe la acción del ejecutor:

En la comunicación con los demás, siempre es bueno diferenciar conducta y desempeño, de la persona o el carácter del individuo al que usted está intentando influenciar:

Inapropiado: "¡Eres un mentiroso!"
Mejor: "Ese enunciado no concuerda con mi información; revisémoslo juntos".

Inapropiado: "Su supervisor reporta que usted es perezoso e improductivo".
Mejor: "Su supervisor y yo creemos que usted es capaz de desarrollar un nivel de producción más alto. Si puedo ayudarle en algo, ese es mi trabajo".

Inapropiado: "¡Limpien su cuarto, marranos¡"
Mejor: "Todos los dormitorios de nuestra casa están ordenados y limpios. Mientras ustedes limpian su cuarto, yo voy a ir al supermercado. Cuando regrese, les mostraré una forma de clasificar su ropa en el closet".

Inapropiado: "Nunca llegarás a la universidad, a menos que te ajuicies. Con estas notas, tendrás suerte si consigues un trabajo en un restaurante de comidas rápidas".

Mejor: Aunque yo no haya dicho mucho cuando vi el reporte de tus calificaciones, sé que tienes la capacidad para obtener mejores resultados que esos. Fui a tu escuela y hablé con tu consejero y algunos profesores, y ellos tienen confianza en que puedes hacer una mayor contribución a tu clase. Creo que lo harás. Te amo y sé que darás lo mejor de ti y eso es lo que cuenta. Realmente me interesa mucho tu vida. ¿Hay algo que yo pueda hacer para ayudarte más?

(Esta última respuesta larga es una contestación válida a un promedio bajo en una reporte de notas de una de mis hijas. Como resultado de esta muestra de interés en ella, y separando la acción (las notas) del ejecutor (mi hija), sus calificaciones mejoraron y ella estuvo en el cuadro de honor al año siguiente.

b. Critique la acción, elogie al ejecutor:

Cualquiera que sea la reprimenda que se le de a la acción equívoca, debe estar seguida de una palabra inmediata de aliento para el individuo que está recibiendo la disciplina. Veamos:

Inapropiado: "Usted está atrasado en casi todo el cronograma de producción. Si sigue así, vamos a perder dinero este año".

Mejor: "Requiero de su colaboración para que podamos cumplir con las fechas de producción. Necesitamos incrementar la eficiencia para aumentar la rentabilidad, y espero mayor ayuda directamente de usted. Adicionalmente, estoy obteniendo buena retroalimentación en el área de calidad del servicio en que usted está involucrado".

Inapropiado: "Si no paras de beber tanto en ese club todos los fines de semana, voy a comenzar a ir a otra parte por mi cuenta".

Mejor: "Qué tal si rompemos la rutina la próxima semana y vamos a un show en Brodway. Me encantaría comenzar a tener tiempo de mejor calidad, solo contigo.

Inapropiado: "No puedo quejarme de tu juego defensivo, pero tienes que concentrarte más en aprovechar los tiros libres que hacen que perdamos el juego".

Mejor: "Los equipos con altos porcentajes de tiros libres ganan los partidos de basquetbol. Como esos son puntos libres, hagamos todo lo que podamos. Invirtamos quince minutos extras diariamente practicando tus tiros libres a partir de la próxima semana. Muchacho, tu juego defensivo está muy bueno".

c. Haga las críticas siempre en privado:

También elogie en privado, si el elogio tiende a singularizar a alguien del grupo. La desaprobación pública es la peor forma de castigo y conlleva a la baja autoestima, al igual que produce miedo al rechazo y al éxito. El elogio público crea celos entre los empleados y rivalidad entre los hermanos o miembros de una familia, especialmente si son comparaciones verbales que no deban hacerse. Las formas más poderosas de elogio son esas que se hacen de persona a persona, en privado, cuando quien los recibe menos los espera; y en una ceremonia especial de premios que sea del conocimiento de todos.

Entonces, el valor es la ausencia del temor. La gente que vive con miedo crece quedándose al final de todas las filas. Quienes viven entre los elogios aprenden a ponerse de frente y liderar sus procesiones personales, aunque esté lloviendo. Los que son consentidos con demasiada tolerancia y permisividad crecen llenos de compromisos y codicia. La gente que crece en medio de retos y responsabilidades aprende a tener valores y metas. Los que viven en medio de la depresión necesitarán un trago o una píldora para continuar la marcha, o de alguien que los levante. Los que viven con optimismo crecerán creyendo que nacieron para volar.

Los que viven con odio crecen cegados hacia la belleza y el verdadero amor. La gente que vive con amor, vive para dar amor y está ciega ante el odio. Si constantemente les recordamos a las personas alrededor nuestro, sobre todo lo malo que vemos en ellos, ¡se convertirán en exactamente lo que esperamos que ellos no sean! Pero si les decimos: "Estoy feliz que seas parte mía", se van a sentir felices de estar vivos en ese momento, ¡y de ser quienes son!

7. CÓMO AFERRARSE A SUS SUEÑOS

La gente exitosa cree en su autoestima, aun cuando no tenga más que un solo sueño al cual aferrarse. ¿Por qué? Porque su propia autoestima es más fuerte que el rechazo o la aceptación de sus ideas por parte de otros.

Tal como lo mencioné en el prólogo, el éxito es "una graduación" en la vida. Cada logro significa un nuevo comienzo. Los logros materiales son estándares de excelencia en productos o proyectos que llenan una necesidad. Hay casi tanto valor en el inventor, antes que su producto sea producido masivamente, como después que haya hecho su fortuna y sabiendo eso, él o ella tienen el coraje de continuar hacia adelante.

Elías Howe inventó la máquina de coser y las mujeres se divirtieron con ellas por años; como les rendía tanto, preguntaban ¿qué se pondrían a hacer con todo el tiempo que les sobraba? Él pasó su vida con trajes prestados, pero sin embargo su máquina ha hecho más que ninguna otra para crear ropa que él nunca estuvo en capacidad de comprar.

Un profesor universitario, era inteligente e inquisitivo. Su hermana tenía una deficiencia auditiva y tratando de inventar un aparato para mejorarle su audición, él ideó algo más complejo. Después de muchos años de intentos, errores y éxito, por fin estaba listo para producirlo. Pasó más tiempo viajando por toda Nueva Inglaterra tratando de conseguir respaldo financiero para realizar su sueño. La gente se reía cuando él sugería que podía trasportar la voz humana en un cable que permitiría escucharla a millas de distancia. De hecho, se reían porque él tuviera el valor de suponer que funcionaria por hasta una milla. Nadie se ríe de Bell actualmente. Alexander Graham Bell tuvo la autoestima de perseverar cuando la única recompensa era creer en sí mismo.

Se dice que Walt Disney les preguntó a diez personas lo que ellas opinaban de una nueva idea y que si todas estaban de acuerdo en rechazarla, él comenzaría a trabajar en ella inmediatamente. Obviamente, él estaba acostumbrado al rechazo. Ya estaba en bancarrota cuando fue por todo Hollywood con su idea de "Botero Willie" ("Steamboat Willie"). ¿Puede imaginárselo tratando de vender un ratón con una voz en falsete, en tiempos del cine mudo? Walt soñó el gran sueño, y los niños de todas partes, desde Disney World en la Florida hasta los parques de Disney alrededor del mundo, estarían por siempre agradecidos. ¿Era Walt Disney un mejor hombre cuando estaba quebrado y aún personificaba la voz original del ratón Mickey, o después que hizo todas esas excelentes películas... o luego de construir Disneylandia (Disneyland)... o cuando terminó de edificar Walt Diney World en Orlando? El valor está en el "ejecutor", no en la "acción".

Cada vez que pienso en Golda Meir me pregunto ¿cómo es que ella se atrevió a pensar que una mujer común y corriente podría ser la primera ministra de un país tan grande? Ella era sencilla, pero hermosa interiormente. ¿Y cómo pudo Margaret Thatcher, viviendo en la tienda de su padre hasta que tuvo veintiún años, tener el coraje para proyectarse a liderar Inglaterra en esos tiempos difíciles? ¡Qué persona tan madura era la Abuela Moses! (Grandma Moses). Ella no comenzó a pintar hasta que llegó a sus setentas y luego pintó más de quinientas obras de arte célebres. Y a nadie le gustaba la obra de Renoir. Un parisino experto examinó sus pinturas y las desdeñó diciendo: "Usted está, supongo, incursionando en la pintura para entretenerse". Y Renoir le contestó: "Obviamente, cuando deje de entretenerme, dejaré de pintar".

Earl Nightingale, en el programa radial americano "Our Changing World", cuenta la historia de Renoir, como si este estuviera vivo. Dice que todos le pedían a Renoir que abandonara la pintura porque no se le veía talento. Un grupo de artistas que fueron rechazados por la clase alta de su tiempo, conformaron su propio grupo privado, entre quienes estaban Degas, Pissarro, Monet, Cezanne y Renoir –cinco de los grandes maestros de todos los tiempos, haciendo aquello en lo que ellos creían, mientras los demás se reían. Earl continúa diciendo que durante sus últimos años, Renoir sufrió de un reumatismo avanzado, particularmente en sus manos. Cuando Matisse fue a ver al viejo pintor, observó que cada pincelada le causaba a Renoir un gran dolor. Y Matisse le preguntó: "¿Por qué todavía insiste en trabajar? ¿Por qué continúa torturándose?" Y Renoir contestó lentamente: "El dolor pasa, pero el placer, la creación de la belleza, queda".

8. USTED ES UNA OBRA MAESTRA DE LA CREACIÓN

Puede que yo nunca sea un artista como Renoir, pero he pintado los interiores y los exteriores de varias casas nuestras a través de los años, de tal manera que me siento orgulloso. Usted y yo quizás no somos el rey o la reina de una corte real, pero somos especiales a la manera nuestra. ¿No sería fantástico si los niños del mundo entero se sintieran únicos y especiales por el sólo hecho de estar vivos? Si podemos sobreponernos a la pobreza y a la enfermedad, el siguiente paso sería enseñarle a la gente que los "rótulos" más importantes en la sociedad son aquellos que nos colgamos a nosotros mismos.

Siempre he observado que el liderazgo es la única profesión para la cual no existe un entrenamiento formal ni un pensum educativo. Parece que si usted quiere aprender sobre algo, es mejor tratar de enseñárselo a otra persona. Nadie aprende tanto como el maestro. En adición por aprender sobre mis propios errores como padre tratando de levantar emocional y físicamente a seis hijos saludables, también lidero seminarios para niños, jóvenes, adultos jóvenes, y ejecutivos corporativos. Generalmente, al inicio del taller de autoestima para jóvenes, invitamos a pasar a ocho voluntarios al frente del grupo y les asignamos un proyecto. A cada uno se le asigna un letrero con un estatus para que se lo cuelguen al cuello y puedan mostrar cuál es su status en particular en la vida. Cada letrero tiene un título en letras grandes: "Bebé", "Madre", "Astronauta", "Aseador", "Estrella de rock", "Jugador de futbol", "Doctor" y "Abogado". La idea es que los niños se posesionen entre ellos en orden de importancia en frente del resto del grupo. Las edades oscilan entre los siete y los doce años.

Lo que comienza como un ejercicio inofensivo se va convirtiendo en un debate serio. Después que los empujones y empellones terminan y ellos se concentran en una "búsqueda seria", finalmente comienzan a formar una especie de línea jerárquica de acuerdo con un discutido consenso.

El astronauta dice: "Soy primero porque voy a lugares donde ustedes todavía no pueden ir. Además, voy a tratar de encontrar otro lugar donde vivir, *porque este planeta está muy lleno"*. (Aplausos de los espectadores).

Luego sigue la estrella de rock y desplaza al astronauta a un segundo lugar. (Barra de los espectadores). "Yo ya estoy en el espacio sideral, gano más dinero y puedo contratarte como el piloto de mi avión personal".

El siguiente es el futbolista: "Creo que yo debería ir primero. Gano tanto dinero como la estrella de rock y juego frente a una gran multitud cada noche, durante toda la temporada, haciendo ejercicio físico que es el mejor para el ser humano". (Más aplausos).

Sube el doctor y hace su primera participación: "Yo debería ser el primero porque yo los atiendo a todos ustedes cuando se enferman o se accidentan; y también gano buen dinero". (Aplausos ligeros).

Se presenta el abogado: "Yo soy el mejor porque yo los meto presos o los saco libres, y ustedes tienen que darme todo su dinero". (Barras).

La mamá dice: "Yo realmente soy la primera porque yo los traigo a este mundo". (Aplausos ligeros).

El bebé pasa al frente: "No debería ser yo el primero en la línea porque ¿no fuimos todos bebés, antes de ser madres o cualquier otra cosa? (Aplausos).

El aseador todavía no ha pasado a exponer su causa. Bueno, como suele suceder, él o ella saben que es más que pasar al frente. Aquellos que caracterizan al aseador, o no pasan porque saben que van a ser objeto de burlas, o de tanta mofa, que se sienten muy avergonzados para continuar aunque este sea un juego en el que todos los participantes sean voluntarios. El aseador sabe que es inaceptable como #1, basado en los estándares del grupo. Y de hecho, cada vez que se hace este juego, el aseador tiene la idea preconcebida que es automáticamente el #8.

Antes que los ocho voluntarios regresen al grupo, yo explico lo que realmente les pedimos que hicieran. "Yo quería que ustedes se posicionaran en orden de importancia. Y en lugar de toda esa rutina de astucia y poderío, todo lo que se requería era que ustedes se tomaran de las manos y se pararan frente al grupo en un círculo de mutuo respeto, porque nunca habrá una persona que sea más importante que la otra, no importa cómo se vean ni la clase de trabajo que desempeñan. Cada uno de ustedes es tan valioso y útil como cualquier otra persona".

Esa era nueva música a sus oídos, como una nueva "comedia extranjera" para sus ojos. Muchos jóvenes me dijeron que nunca habían escuchado algo como eso antes, excepto en la iglesia.

La mayoría de adultos tampoco lo han oído, o si lo hicieron, fue hace mucho tiempo atrás.

Actualmente vivimos en una sociedad narcisista. Tenemos dificultad para pasar de la generación del "mi" a la generación de "nuestro", y avanzar se hace difícil.

La preocupación que tenemos con el deseo de autogratificación y autoindulgencia se ha denominado como "Narcisismo". El término se origina de la antigua mitología griega y la historia de Narciso, quien se enamoró de su propia imagen reflejada en una alberca. Él fue el gurú que originó la frase "Si te sientes bien haciéndolo, hazlo". Actualmente, el Narcisismo se manifiesta en el baño desnudo en grupo, jeans diseñados para pequeñitos, demasiados regalos alrededor del árbol de navidad, y el énfasis exagerado en el valor de la juventud, la sexualidad y la belleza física; y en las cosas y los sitios –cosas para adquirir, para adornar, lugares para comprar y visitar; en el hecho de no compartir con otros sino simplemente mostrarles lo que poseemos.

No hay que confundir el Narcisismo con la autoestima saludable. Los dos son como el día y la noche. La palabra "estima" significa apreciar el valor de algo. En el ser humano, creo que es el comienzo y la primera semilla del éxito. Es la base de nuestra habilidad para amar a los demás y para tratar de cumplir una meta valiosa sin temor. La autogratificación narcisista es una clase de autovaloración materialista y hedonista. La autoestima está basada en la internalización del amor espiritual. ¿Por qué nos sorprendemos frente al poder y la inmensidad del mar, los vastos y desconocidos alcances del universo, la belleza de una flor, el esplendor de un atardecer... y al mismo tiempo nos degradamos a nosotros mismos? ¿No nos hizo el mismo creador? ¿No somos la creación más maravillosa de todas, con poder para pensar, experimentar, cambiar nuestro entorno y amar?

La autoaceptación, tal como somos, es la clave para una autoestima sana –viéndonos a nosotros mismos como valiosos, cambiantes, imperfectos, en crecimiento, y sabiendo que aunque no nacimos con una mentalidad y físico uniformes— nacimos con el mismo derecho de sentir que merecemos la excelencia de acuerdo a nuestros propios estándares espirituales.

Usted es una obra maestra de la creación. Siempre lleve con usted el secreto: "El amor debe estar dentro de usted para que pueda brindarlo".

9. 10 PASOS DE ACCIÓN PARA CONSTRUIR SU AUTOESTIMA

9.1. Salude siempre a la gente que conoce con una sonrisa: cuando usted se presente en cualquier nueva asociación, tome la iniciativa de ofrecerse como voluntario claramente; y siempre extienda su mano primero, mirando a la persona a los ojos cuando usted habla.

9.2. Conteste el teléfono placenteramente: en sus conversaciones telefónicas tanto en casa como en el trabajo, dé su nombre inmediatamente después que conteste a quien llama, antes de usted preguntar quién habla. (Si alguien que usted conoce llama, olvide esta parte). Cada vez que usted haga una llamada a una residencia o un lugar de trabajo en el que alguien nuevo conteste, siempre dé su nombre, antes de preguntar por la persona con quien quiere hablar y de explicar el motivo de su llamada. Presentarse por su nombre hace ver que una persona valiosa está llamando.

9.3. Escuche la radio o CDs motivadores: o programas en su IPod, cuando esté manejando su carro, el cual es la mejor universidad rodante del mundo. Escuche temas de autodesarrollo o educativos.

9.4. Invierta en su propio conocimiento: inscríbase en algún seminario o clase local o en línea, que tenga relación con aspectos de su crecimiento personal o profesional. Haga de las librerías y los gimnasios sus nuevos lugares para refugiarse de todo y de todos.

9.5. Siempre dé las gracias: cuando alguien le haga un cumplido, por cualquiera que sea la razón. Tampoco le reste importancia ni trate de adjudicarle un valor que no tenga. La habilidad de aceptar es la marca universal de un individuo con autoestima sólida.

9.6. No haga alarde: la gente que anuncia demasiado y hace mucho anuncio de sí misma, realmente está pidiendo ayuda. Los escandalosos que se hacen tanta propaganda están desesperados por tener mayor atención.

9.7. No le cuente a la gente sus problemas: a menos que ellos estén directamente involucrados con la solución. Y no invente excusas. Las personas exitosas buscan a aquellos que lucen y se oyen exitosos. Hable siempre afirmativamente acerca del progreso que usted está tratando de hacer.

9.8. Encuentre "roles modeladores": cuando usted conoce un individuo triunfador e inteligente, conviértase en su imitador y aprenda todo lo que pueda acerca de cómo esa persona ha triunfado. Esto es especialmente necesario con respecto a sus temores. Encuentre a alguien que haya conquistado aquello a lo que usted le teme y aprenda.

9.9. Vea los errores como experiencias de aprendizaje: cuando usted cometa un error o sea ridiculizado o rechazado, busque lo que puede aprender de la experiencia y vea el ridículo como ignorancia. Después de un rechazo, dele una mirada a sus bendiciones, alcances y logros (BAL). Vea al rechazo como parte de un desempeño, no como una derrota del "ejecutor".

9.10. Invierta este sábado haciendo algo que realmente disfruta: No estoy hablando del próximo mes. ¡Este sábado¡ Disfrute del hecho de estar vivo y tener la posibilidad de hacerlo. ¡Usted se lo merece! Nunca habrá otro "usted". Este sábado se va a pasar. ¿Por qué no emplear por lo menos un día a la semana en usted?

10. PREGUNTAS ACERCA DE SU AUTOESTIMA:

10.1. ¿Se acepta tal como es? ¿Podría decir que se ama a sí mismo?

10.2. ¿Le gustaría ser preferiblemente otra persona? Si es así, ¿por qué?

10.3. ¿Cómo maneja las críticas? ¿Lo toma personalmente o procura aprender de ellas?

10.4. ¿Se siente culpable cuando se permite ciertas actividades egoístas? Piense en algunos ejemplos recientes.

10.5. ¿Qué tan cómodos se siente cuando otros lo halagan o le hacen cumplidos?

10.6. ¿Habla consigo mismo con todo respeto o para ridiculizarse?

2
LA SEMILLA DE LA CREATIVIDAD
LIBERANDO SU ENERGÍA CREATIVA

1. Usted es lo que ve.
2. El segundo secreto mejor guardado para obtener el éxito total.
3. Su autoestima “robotizada”.
4. El factor de “repetición instantánea”.
5. Cómo sobrevivieron los prisioneros de guerra del Vietnam.
6. Rodearse en la “imaginación” de lo que se carece en la “realidad”.
7. Hágalo bien desde el entrenamiento.
8. Cómo manejar su creatividad.
9. El poder de hablar con uno mismo.
10. Cómo planear su éxito.
11. 10 pasos de acción para desarrollar su creatividad.
12. Preguntas acerca de su creatividad.

Napoleón dijo en una ocasión: *"La imaginación rige el mundo".* Einstein creía: *La imaginación es más importante que el conocimiento, porque este se limita a todo lo que hoy sabemos, mientras que la imaginación abarca al mundo entero y a todo lo que siempre habrá para saber y entender.*

Entre todos los seres vivos del planeta, sólo el ser humano fue creado sin un programa "adjunto" de software para triunfar en la vida. Los insectos, los mamíferos y los pájaros saben instintivamente cómo comportarse y lo que deben hacer para sobrevivir. Los seres humanos también tenemos, pero fuera de eso también poseemos, habilidades mucho más maravillosas y complejas que las de cualquier animal. Debido a que ellos tienen instintos que se limitan a encontrar alimento y refugio, a evitar o sobrevivir al enemigo, y a la procreación, no tienen metas que vayan más allá de la sobrevivencia y la seguridad.

El ser humano no posee programas computarizados y pregrabados que le sirvan de guía en la vida, sino que es bendecido con una imaginación creativa. Por eso es que los modelos de conducta saludables, junto con el apoyo positivo del núcleo familiar, cimentados sobre valores espirituales, son tan importantes. Ya que no somos miembros predestinados de una manada errante, ni victimizados y prisioneros dentro de un entorno fijo, necesitamos mapas y esquemas que nos ayuden. En los individuos exitosos este tipo de ayudas se llaman modelos de conductas y valores. En la gente que no triunfa, los mismos elementos tienden más a convertirse en paredes y arrecifes.

El ser humano nace sin el concepto de "sí mismo". A todos nos gustan las grabadoras digitales sin la tecla para mensajes –con algunos mensajes pregrabados y una música de fondo, pero sin tema central. Somos como espejos sin reflejos. Primero aparecen nuestros sentidos, durante la infancia—, luego surgen el lenguaje y la capacidad para observar—. Grabamos, construimos y fotografiamos nuestro video, cinta sonora y los programas sensoriales de sí mismos. Cuando se nutre y cultiva este autoconcepto o autoimagen grabada –esta imagen mental de sí mismo—, se convierte en el primer lugar en el cual la felicidad y el éxito crecen y dan fruto. Pero si lo descuidamos o somos negligentes, este mismo concepto, se convierte en el semillero de logros mínimos, conductas desviadas e infelicidad.

Recientemente, escuché de un sicólogo que le aplicó una prueba de inteligencia a un niño de doce años. Parte de esta consistía en juntar las piezas de un rompecabezas. Él lo intentó pero se frustró rápidamente diciendo: "No puedo hacerlo, ¡es muy difícil!" Su autoimagen le decía que si algo tenía la forma de una prueba y él presentaba dificultades para desarrollarlo, debía darse por vencido.

Mucha gente se ve a sí misma como inadecuada. Los mensajes grabados a temprana edad en su "programa de video interno" le dicen: "No puedo hacer las cosas muy bien, especialmente las cosas nuevas. No creo que a la gente le guste la forma en que luzco. No tiene sentido ni siquiera intentarlo porque probablemente lo haré mal y de todas maneras no triunfaré". Este es un número sorprendente de individuos en este próspero país, que tienen la mayor dificultad en aprender y avanzar, y que son un problema para sí mismos y para otros.

De otra parte, he conocido gente exitosa, que son aquellos cuyo "video interno" contiene un mensaje algo así como: "Yo puedo hacer las cosas muy bien –una variedad de cosas. Puedo afrontar nuevos retos y tener éxito. Cuando las cosas no salen bien al principio, sigo insistiendo o consiguiendo mayor información para hacerlas de diferente manera hasta que salgan bien". Estos son quienes les causan menos problemas a los demás, a la sociedad, en su vida profesional, o en su escuela y hogar. Ellos son los pocos que tienen la capacidad –y generalmente lo hacen— de aprender hasta el máximo y que comparten y dan lo mejor de lo que han aprendido a quienes los rodean. Ellos descubrieron que su imaginación les sirve como el artefacto con el cual gobiernan su vida — que si su autoimagen no logra de ninguna manera posible verse bien a sí misma, haciendo o alcanzando algo, literalmente no podrán hacerlo. "No es lo que usted es, lo que lo retiene. Es lo que usted piensa que no es".

1. USTED ES LO QUE USTED VE

Ya habrá escuchado el viejo dicho: "Usted es lo que come". Me gustaría ofrecerle algo nuevo para que lo comparta con sus colegas y familiares: "Usted es lo que usted ve y piensa". Una expresión bíblica del libro de Proverbios nos aconsejó hace mucho tiempo atrás: "Cada uno es lo que tiene en su corazón". Desafortunadamente, demasiada gente subsiste bajo la dieta mental de la televisión, las películas creadas para causar impacto, y las publicaciones charlatanas diseñadas para estimularnos. Considero que la mayoría de lo que tenemos a nuestro alcance es "comida chatarra" que nos genera desnutrición mental y una salud emocional y espiritual pobres.

La televisión y el internet son invenciones extraordinarias que deberían mejorar la existencia. El mundo ha cambiado con la televisión. Usted puede encender el televisor, pero no puede apagar su influencia. Hemos sido expuestos a una amplia variedad de culturas y recibimos información acerca de la vida alrededor del globo y del espacio sideral. Los programas de televisión nos muestran deportes, nos animan a mantenernos en buen estado físico, nos proveen con muchas oportunidades para aprender sobre Medicina, Artes, Economía, noticas locales y mundiales, y eventos religiosos. Las oportunidades para aprender que presenta la televisión, son incomparables a la experiencia de las generaciones que existieron antes de este invento.

La triste verdad, sin embargo, es que debido al tipo de patrocinio que se requiere para sostenerla dentro del mercado, muy pocas programadoras están interesadas en ensanchar nuestra mente, expandir nuestro espíritu, y enriquecer nuestra compresión de sí mismos y de los demás. Mucha de la influencia de la televisión es negativa. En muchos programas predomina el crimen, la violencia, y los estereotipos o los portarretratos desviados de la vida de la gente. Un estudio realizado recientemente por la Universidad de Harvard, reveló que muchos adultos y niños no saben distinguir entre realidad y fantasía en la televisión. Los niños entrevistados dijeron que las cosas que vieron en televisión eran ciertas porque "usted ve que realmente están ocurriendo".

Muchos hospitales han reportado pacientes que solicitaron ser atendidos por un doctor que vieron en televisión porque ese doctor estaba más familiarizado con casos como los de dichos pacientes.

Cada año, los doctores de la televisión reciben miles de cartas de televidentes que les piden un consejo médico. Cuando un actor hace una esplendida caracterización de un alcohólico, su esposa recibe docenas de cartas aconsejándola y expresándole simpatía, de parte de mujeres que dicen que ellas también estuvieron casadas con alcohólicos.

Si los adultos tienen toda esta dificultad para distinguir fantasía de realidad, el efecto que tiene la televisión sobre los niños es causa de verdadera preocupación. Aprendemos por observación e imitación. Esto es especialmente cierto con los niños porque ellos tienen la tendencia a imitar a los individuos que escogen para modelar su conducta. Muchos de estos son personajes de su programa favorito de televisión. Los valores también se trasmiten a los niños por este medio, y muchos son muy negativos o por lo menos, desconectados de la realidad.

La televisión expone constantemente a niños y a adultos a conductas antisociales, desarrolladas por la incompetencia, la grosería y la insensatez. Y el otro extremo son los superhéroes con poderes y habilidades fuera de lo natural, de ilimitada belleza. Cuando los individuos promedio se comparan a sí mismos con sus héroes de la televisión, generalmente se sienten inadecuados.

De acuerdo con la compañía A.C. Nielsen, la firma más grande de clasificación de programas en los Estados Unidos, el promedio de tiempo de ver televisión de la gente en los Estados Unidos, está por encima de las veinticuatro horas semanales. El promedio en los niños es de treinta horas semanales frente a lo que comúnmente nos referimos como "La niñera de un ojo", y pasan más tiempo viendo programas para adultos que para niños. El común de los niños de preescolar, pasan un promedio de cuatro horas diarias frente al televisor y el 41% ven entre las 8:00 y las 9:00 de la noche. Cuando finalmente llegan a la etapa de ir a la escuela, han visto más de veinte mil comerciales, la mayoría de los cuales les enseñan a consumir más y les muestran que los problemas de la vida aparentemente pueden resolverse con ciertos productos en cuestión de treinta segundos, o menos.

Estamos creciendo con la televisión como nuestra "ventana al mundo" y esta se ha convertido en la base de muchas creencias y valores. Para cuando terminamos la secundaria, la mayoría habremos pasado el 50% más de tiempo en frente a la televisión, que en un salón de clase o teniendo experiencias enriquecedoras con nuestros padres y demás familiares. No podemos culpar realmente a la industria de la televisión por esta situación, porque la calidad de los programas es solamente el reflejo del carácter de nuestras familias en la escena social americana. Pero recordemos, si un comercial de sesenta segundos repetidamente, tiene la capacidad para vendernos un producto, entonces ¿no es posible que un minuto repetido de una telenovela o de una película porno, nos venda un estilo de vida?

2. EL SEGUNDO SECRETO MEJOR GUARDADO PARA OBTENER EL ÉXITO TOTAL

Estudios conducidos recientemente por un equipo de la Universidad de Stanford, han revelado que "lo que vemos" tiene un efecto definitivo en la imaginación, en los patrones de aprendizaje, y en la conducta. El paso más crucial y concluyente es que adoptamos estas conductas como propias. Uno de los aspectos más críticos del desarrollo humano que necesitamos entender, es la influencia de las "imágenes y expresiones repetidas", en las metas futuras. La información nos entra diariamente y de una manera "inofensiva e desapercibida", pero no reaccionamos sino posteriormente, cuando no somos capaces de darnos cuenta de la razón para nuestras reacciones. En otras palabras, los valores se van formando sin una conciencia deliberada de parte nuestra, con respecto a lo que nos está ocurriendo.

¿Qué ocurriría si usted y yo pudiéramos cambiar los canales de la televisión a uno dentro de nuestra mente y que esta fuera una cámara en lugar de un receptor? ¿Qué pasaría si escribiéramos, produjéramos, interpretáramos y emitiéramos nuestros propios programas y al mismo tiempo, los grabáramos para nuestro propio deleite y para futuras emisiones?

Bueno, podemos y lo hacemos ¡cada día y cada noche de nuestra vida! Y aquí yace el segundo secreto:

El segundo secreto mejor guardado para obtener el éxito total es que nuestra mente no ve la diferencia entre una experiencia real y una que es repetida y vívida en la imaginación.

Entender este secreto del poder de la experiencia imaginaria es la clave fundamental para deducir la conducta humana. Lo que usted "ve" es lo que adquiere. Actuamos y nos comportamos, no de acuerdo con la realidad, sino con nuestra percepción de la realidad. Muchas decisiones diarias se basan en ideas acerca de nosotros, que han sido almacenadas como "verdaderas" –pero las cuales son realmente una combinación de dichos familiares, amigos o colegas, experiencias pasadas e información que leemos, escuchamos y vemos en la televisión.

3. SU AUTOESTIMA "ROBOTIZADA"

Me encanta el reto de explicar teorías y evidencias científicas complejas en formas fáciles de entender. A veces, cuando estoy descansando en casa, comparto experiencias mutuas con mi esposa y mis seis hijos –a veces persona a persona y a veces como grupo— y hago la analogía entre la "autoimagen" y R2D2, el gracioso y famoso robotito de "Guerra de las galaxias".

En la primera película, R2D2 tenía como su misión principal la proyección de un holograma en video casete (3D), pregrabado dentro de él. Sin importar lo que pasara fuera de la galaxia, él estaba manejado por su sistema interno de guía o video casete. Yo les digo a mis hijos que cada uno de nosotros tiene su propia "autoimagen robotizada" en su mente, llamada UTESY (¿Usted también es mi yo?). Cuando nos preguntamos: "¿Quién es usted? ¿UTESY?", la respuesta se devuelve inmediatamente. "¡Sí, yo también soy usted¡ Yo soy la voz dentro suyo que le dice si usted puede o no hacer algo".

Un pequeño poema de mi audio álbum, "La sicología del ganador" (*"The Psychology of Winning"*), ilustra este punto:

Mi robot (Autoestima)

Tengo un pequeño robot
Que va conmigo a todas partes;
Yo le digo qué estoy pensando
Y le digo lo que veo.
Yo le cuento a mi robotito
Todas mis esperanzas y temores;
Él escucha y recuerda
Todas mis alegrías y mis lágrimas.
Al principio mi robotito
Seguía mis instrucciones;
Pero después de años de entrenamiento
Se me ha salido de las manos.
No le importa qué está bien o mal
Ni qué es falso o verdadero;
Sin importar lo que yo intente –ahora;
¡Él me dice qué hacer![2]

Durante cada momento de la vida programamos (o permitimos que otros lo hagan) el robot de nuestra "autoestima" para que trabaje para nosotros. Ya que es solamente un proceso sin la función de juzgar, se esfuerza para satisfacer las actitudes y creencias para las cuales lo programamos, sin tener en cuenta si son negativas o positivas, verdaderas o falsas, correctas o equivocadas, seguras o peligrosas. Su única función es seguir nuestras instrucciones previas implícitamente, como un computador personal que reproduce nuevamente lo que está almacenado –respondiendo automáticamente.

2. Waitley, Denis, *La sicología del ganador (The Psychology of Winning)* (Chicago: Nightingale-Conant Corporation, 1979, p. 137

Mucho del video, audio e información sensorial que ingresa en la memoria de su "robot de autoestima", se queda allí. Billones de ítems que se aportan separada e integradamente a lo largo de la vida, están todos allí esperando a ser utilizados. Usted nunca podrá borrarlos totalmente de su memoria. Puede invalidarlos con mensajes más fuertes por un período de tiempo, o modificar sus efectos, pero son suyos por el resto de la vida. Lo que siempre me ha asombrado es el experimento realizado durante una cirugía de cerebro, en las cual los pacientes cuyas células fueron estimuladas con un electrodo muy delgado, describieron la sensación de haber revivido escenas del pasado. Su recuerdo era tan fuerte y vívido que todos los detalles estaban allí nuevamente –sonidos, colores, compañeros de juego, formas, lugares, olores. No estaban únicamente recordando, ¡sino reviviendo las experiencias!

4. EL FACTOR DE "REPETICIÓN INSTANTÁNEA"

Cuando veo futbol profesional, o cualquier evento deportivo importante, disfruto viéndolo en televisión casi tanto como la algarabía y la emoción de estar allá entre la multitud. La razón por la cual me gustan los deportes en televisión, es por la maravillosa posibilidad de la "repetición instantánea" que nos permite "revivir" la electrificante victoria, la increíble frustración que había en el momento, como también la "gran jugada". ¿Sabía que los atletas profesionales y universitarios que están consistentemente en la cima en cada temporada, reproducen nuevamente los momentos estelares de sus mejores jugadas del partido durante las semanas después de la temporada, y durante la siguiente para reforzar su éxito?

Muchos años atrás, hablé ante el banquete de premiaciones la noche que Herschel Walker (el mejor futbolista universitario del año) y su equipo de la Universidad de Georgia celebraron sus temporada de futbol más exitosa. El siguiente año, cuando visité los dormitorios de los jugadores, no era sorprendente ver los veteranos del año anterior que retornaban, junto con los nuevos reclutas reunidos en la sala de televisión, "reviviendo" una colección inédita de los grandes momentos de la mejor temporada, con sus ojos pegados a la pantalla de la televisión. A medida que caminaba hacia mi carro Hert en el parqueadero de la Universidad, para ir de regreso al aeropuerto de Atlanta, pensaba en el segundo secreto mejor guardado para obtener el éxito total: la mente no distingue la diferencia entre la experiencia real y la imaginaria que se repite vívidamente.

A medida que manejaba por el centro de Atenas, me hacia una apuesta mental conmigo mismo de que Georgia estaría en el primer puesto nuevamente. Y lo suficientemente seguro, fueron imparables durante la siguiente temporada y ganaron el torneo de Southestern. Existe una gran importancia en reconocer que al repetir nuestros éxitos pasados mentalmente, el hecho de ganar se vuelve más un reflejo que fluye naturalmente. Además es interesante repetir las imágenes de Herschel Walker en cada uno de esos éxitos –todos los seis pies y dos pulgadas y las doscientas libras de su ser, con la habilidad de recorrer ¡cien yardas en 9.1 segundos!

5. CÓMO SOBREVIVIERON LOS PRISIONEROS DE LA GUERRA DEL VIETNAM

Tuve la oportunidad de entrevistar y estudiar a un número de prisioneros de guerra cuando retornaron del Vietnam, muchos de los cuales eran pilotos navales que fueron heridos por los misiles SAM fabricados por los soviéticos. También entrevisté algunos de los primeros prisioneros después de ser liberados de la base de Estados Unidos en Irán. Aunque los prisioneros de guerra soportan mucho más las privaciones y torturas, durante un período considerable de tiempo, hay algo en común en sus experiencias que tiene una enseñanza para nosotros. Los prisioneros y rehenes de guerra que parecen estar en las mejores condiciones emocionales y físicas, después de sus terribles experiencias, fueron quienes usaron los siete años –en algunos casos, o los 444 días, en otros— como una "universidad sin paredes".

Había una gran desventaja en ir a clase es ese tipo de universidades sin paredes. Todo lo que ellas tenían eran cuatro paredes, una cama y una olla. No habían libros –nada que leer, ni con qué escribir o pintar, ni cosas o paisajes para observar, sólo las paredes. La única luz que existía era artificial y esa siempre parecía estar encendida, deliberadamente cuando era hora de dormir, y apagada durante los horas del día. El deslumbrante bombillo causaba desorientación, fatiga y estrés, precisamente las respuestas deseadas por los guardias de la prisión, los terroristas y los líderes de las sectas, para hacer a sus cautivos más susceptibles a sus deseos.

No les tomó a nuestros prisioneros de guerra mucho para deducir cuál era el segundo secreto mejor guardado para obtener el éxito total. En la ausencia de cualquier clase de ayudas y comodidad, ellos simplemente las crearon en su imaginación, recordando la mayoría de los eventos inspiradores y los aprendizajes significativos almacenados en su memoria, a los cuales yo me refiero como "repeticiones instantáneas". Y ellos recordaban, por ejemplo, las presentaciones de las entregas de premios Emmy de las series de televisión en su imaginación –cada color, cada sonrisa, cada detalle. Esta es la habilidad creativa de concentrarse en reforzar experiencias positivas y saludables del pasado y proyectar mentalmente simulacros de un proyecto de vida exitoso, como si verdaderamente estuviera ocurriendo en el presente. En esto consiste el regalo de la creatividad.

6. RODEARSE EN LA "IMAGINACIÓN" DE LO QUE SE CARECE EN LA "REALIDAD"

Algunos de nuestros prisioneros de guerra reconstruían pasajes famosos de la Biblia, los cuales se convertían en su fuente de fortaleza. Otros jugaban golf, reproduciendo los juegos de memoria en su canchas de golf favoritas años atrás. Cuando se cansaban de repetir los mismos partidos, comenzaban a inventar futuros torneos con sus golfistas profesionales favoritos. En su mente, caminaban por las cancha de Augusta, con exuberantes y angostas calles rodeadas de azaleas, árboles y espectadores, sintiendo la emoción de jugar en un campeonato con Watson. Estudiaban los movimientos de la bola sobre el pasto arreglado, escuchaban la aprobación de la multitud de su birdie de 22 pies hacia el hoyo final. Y cuando fueron liberados de vuelta a casa en "la vida real", muchos estaban más fuertes. Sorprendentemente, regresaron como mejores golfistas y como seres humanos más fuertes mentalmente.

Lo que me ha impresionado más acerca de nuestros prisioneros de guerra de Vietnam es el ingenioso sistema que ellos tenían para comunicarse, aunque no les estuviera permitido hacerlo. Como usted debe recordar, ellos desarrollaron una clase de código morse especial, con el alfabeto en hileras y columnas de letras. Produciendo grupos de sonidos a través de gemidos, o sobre tubos, pisos, techos, escuchándose a veces como un sonido sordo a la velocidad de un mecanógrafo, con un tiempo límite para los manuscritos importantes. El primero o primeros golpeteos representaba la fila en la cual se ubicaba la letra, seguido de una pausa corta, y después una segunda serie de golpeteos para identificar la letra por columna. Por ejemplo, la letra A se comunicaba con golpe (pausa) golpe, quedando en la primera línea y primera columna. La letra B se convertía en golpe (pausa) golpe, golpe. Primera fila y segunda columna. A medida que iban dominando esta burda y difícil manera de hablar, la velocidad a la cual conversaban rivalizaría hasta con el mejor de los reporteros.

Buscando en el banco de sus memorias e imaginaciones a través de la comunicación, ellos se acordaban de cientos de los pasajes bíblicos más significativos y los usaban en sus servicios de alabanza en sus domingos solitarios. Llegaron a saber más acerca de los momentos felices y los sueños de la niñez de sus compañeros de celda de enseguida, de lo que sabían de cualquiera de sus propios familiares. Algunos nunca llegaron a conocerse personalmente. Un piloto, quien tenía particularmente excelentes recuerdos de sus tiempos universitarios, enseñaba una clase de ingeniería aeronáutica y termodinámica, que él había almacenado en su memoria (para su sorpresa). Inventaron cientos de formas de ganar dinero, construyeron casas, remodelaron las casas de sus padres, y solitariamente silbaban "Good night, I love you" a sus esposas, sus hijos y su país. Pero lo que más me impactaba era la forma en que se daban las buenas noches o se despedían entre ellos. La inequívoca, más conocida cadencia de todas: "Golpe, golpe, (pausa) golpe, golpe – golpe (pausa) golpe, golpe"—GB. ¡God Bless! (¡Dios te bendiga¡).

Uno de los rehenes iraníes tomó un viaje de 444 días en su imaginación desde Londres hasta Bombay. (¡Todavía estoy tratando de deducir cómo lo hizo!) Él tenía su propio compartimento con una cama de pared; paseaba por seis vagones hasta el que funcionaba como restaurante para ir a comer y disfrutaba la escena a medida que saboreaba un vaso de aporto antes del atardecer. Se rodeaba en su "imaginación" de lo que carecía en su "realidad".

En mis estudios de rehenes, prisioneros de guerra, futbolistas y atletas olímpicos, observo lo mismo: la repetición del éxito o el fracaso y la previsión del éxito o fracaso futuros. Es interesante observar que los niños no aprenden a prevenirse contra el futuro hasta que sus padres, compañeros y otros modelos de conducta les muestran repetidamente cómo hacerlo. Y además, es triste ver niños y adultos que han sido enseñados a habitar entre los errores del pasado, en lugar de usarlos como experiencias de aprendizaje para reforzar sus bendiciones y metas cumplidas.

7. HÁGALO BIEN DESDE EL ENTRENAMIENTO

Cuando pasé por el entrenamiento de vuelo naval, después de graduarme en Annapolis, nunca estudié colisiones aéreas, estrelladas o deterioros en medio de las escabrosas montañas. Aprendimos sobre alineación precisa de vuelo, cómo recuperarse de las caídas en picada y barrenas invertidas, y cómo sobrevivir a temperaturas bajo cero, con una dieta de raíces y hojas. Hasta disfruté el "Dunker Dilbert", que era una caída de cuarenta pies desde la cabina del piloto de un portaviones a una piscina, aprisionando al piloto. Yo lo disfrutaba, ¡hasta que me dijeron que fuera el primer "piloto atrapado" que trataría de escapar! Mi primera pregunta torpe al instructor, un mayor de la Marina con una cicatriz en su mejilla, fue: "¿Alguien ha perdido esta prueba o se ha rehusado a hacerla anteriormente?" Él frunció el ceño y apuntó al hombre rana en el equipo de buceo que hacia círculos como barracuda en una piscina esperando cualquier movimiento para matar. "Si usted no puede salirse, en pleno movimiento de vuelo, con botas, casco y paracaídas, soltando el arnés del asiento y los hombros, cuando esté bocabajo con su cabeza en el fondo de la piscina y nadando la longitud de esta hasta ir más allá del sendero de aceite ardiendo –en treinta segundos— ¡el buzo lo sacará! Hágalo bien en el simulacro y lo hará bien en la realidad", me gritó.

A medida que vivimos día a día, seleccionando nuestros modelos de conducta, los programas de televisión que verá nuestra familia, qué libro leeremos, a qué grupos nos uniremos, qué memorias guardaremos, y la clase de predicciones que haremos, ayudará si pensamos en todo esto como "ejercicios de entrenamiento". Casi todos saben y recitan la frase memorable que dijo Neil Armstong cuando pisó la luna: "Es un paso corto para un hombre, y un paso gigante para la humanidad". Pero pocos han escuchado el resto de su radio trasmisión. Él agregó posteriormente: "Fue hermoso... fue tal como lo planeamos, como el entrenamiento".

8. CÓMO MANEJAR SU CREATIVIDAD:

Para tener control de cualquier cosa, usted necesita saber cómo funciona. Aunque apenas estamos comenzando a comprender cómo funciona el cerebro para crear los pensamientos y las respuestas emocionales y físicas automáticas para cada uno de ellos, se han hecho algunas revelaciones asombrosas en las investigaciones científicas, que fundamentan mis propios hallazgos.

Los verdaderos descubrimientos acerca del cerebro comenzaron en la década de 1960, cuando el doctor Roger Sperry y sus estudiantes iniciaron sus experimentos de cerebro abierto. En estos estudios, ellos tuvieron la capacidad de probar separadamente las habilidades mentales de los dos hemisferios del cerebro humano[3] separados quirúrgicamente. Ellos descubrieron que cada mitad del cerebro tiene su propio tren de pensamiento consciente y sus propias memorias. Y lo que es más importante, encontraron que cada parte piensa en formas fundamentalmente diferentes; el lado izquierdo piensa en palabras y el derecho piensa directamente en imágenes y sentimientos.

La mayoría de los investigadores coinciden actualmente en que el hemisferio izquierdo, que controla la parte derecha del cuerpo,

3. Blakeslee, Thomas R, "El hemisferio derecho del cerebro: una nueva comprensión de la mente y su poder creativo" (*The Right Brain*) (New York: Doubleday, 1980),p. 6.

contiene muchas funciones verbales y lógicas, y lo que generalmente llamamos funciones conscientes. El hemisferio derecho, que controla la parte izquierda, ejerce control sobre la parte visual, intuitiva y subconsciente. La parte izquierda del cerebro maneja el lenguaje y el pensamiento lógico, mientras la derecha reconoce una cara en la multitud, el resultado de un juego de video o pone juntas las piezas de un rompecabezas, lo cual frustra totalmente al hemisferio izquierdo.

Tomemos por ejemplo, una conversación que usted esté teniendo con otra persona. Generalmente, su cerebro izquierdo responde al significado literal de las palabras que escucha y jamás notará el "sentimiento" o inflexión de la voz. El hemisferio derecho se enfoca en el tono de la voz, en la expresión facial y el lenguaje corporal, mientras que las palabras son menos importantes. Un ejemplo de las respuestas separadas de cada hemisferio en la misma persona, puede ser –hemisferio derecho: "Hay algo en esa persona que me hace desconfiar". Hemisferio izquierdo: "Tonto, la fortuna que él dice que haremos, está justo frente a nosotros".

Mucha de nuestra vida "despiertos" está bajo el control consciente del hemisferio izquierdo. Cuando somos bendecidos con una "gran idea" o "relámpagos de intuición", parecen llegar intempestivamente y de una forma completamente sorpresiva. Aparentemente, se estaba incubando de manera inconsciente en nuestro hemisferio derecho. Mozart y Beethoven dijeron que escuchaban sinfonías en su cabeza y sólo tenían que anotarlas.

HEMISFERIO DERECHO	HEMISFERIO IZQUIERDO
CONTROLA EL LADO IZQUIERDO	*CONTROLA EL LADO DERECHO*
VERBAL	NO VERBAL
GESTICULAR	LÓGICO
INTUITIVO	ANALÍTICO
ESPONTANEO	SECUENCIAL
SENTIMIENTOS	HECHOS
ARTE, MÚSICA, LENGUAJE	MATEMÁTICAS
ESPACIAL	LINEAL
PENSAMIENTOS CON IMÁGENES	PENSAMIENTOS CON PALABRAS
HOLÍSTICO	TEMPORAL

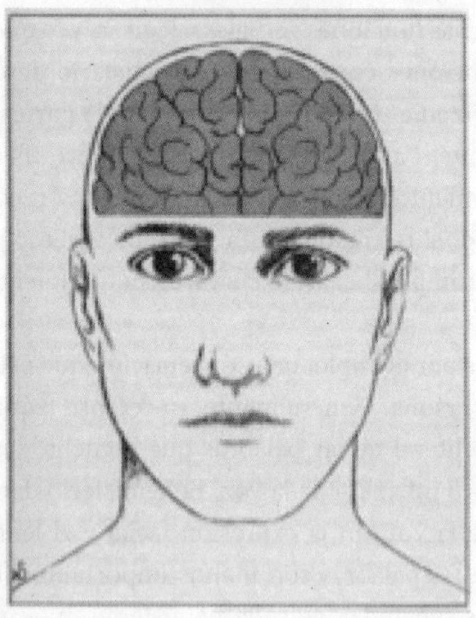

Los científicos actualmente están de acuerdo en que las funciones del cerebro no pueden ser simplemente clasificadas como hemisferio derecho y hemisferio izquierdo. Las funciones aparecen frecuentemente en los dos hemisferios al mismo tiempo. Este diagrama es solamente con el objeto de hacer ilustraciones generales.

Igor Silorsky construyó el primer avión de cuatro motores en 1913 en su país de origen, Rusia. Los espectadores decían que era absurdo y que nunca volaría. Cuando voló exitosamente, los críticos del hemisferio izquierdo dijeron que nunca volaría lo suficientemente alto ni lejos para tener un valor económico real. Él les probó que estaban nuevamente equivocados. Cuando los comunistas tomaron control, él tuvo que huir, como muchos pensadores creativos tuvieron que hacerlo y llegó a los Estados Unidos, quebrado pero dispuesto a crear. Participó en el vuelo comercial transoceánico con sus vuelos de aspas y a mediados de sus cincuenta años desarrolló el helicóptero, una invención que sus críticos americanos dijeron que nunca podría volar.

Cuando era un niño de once años, Sikorsky contaba que había tenido un sueño en el cual estaba caminando a lo largo de un corredor, iluminado por unas luces azules tenues. Él soñaba que estaba dentro de una nave que volaba –una que él mismo había construido. Unos treinta años más tarde, él era copiloto de una de sus grandes naves voladoras. Su amigo Charles Lindberg estaba en los controles y Sikorsky decidió pasar a la cabina de los pasajeros. En uno de esos "relámpagos de intuición", se halló a sí mismo caminado por ese corredor de pasajeros, dentro de la gran nave voladora, ¡alumbrada por tenues luces azules!

Todo lo que usted y yo necesitamos para desatar la creatividad, es ser pensadores que usan "todo el cerebro". Miles de años atrás, éramos más emocionales e intuitivos. A medida que aprendimos a usar herramientas y comunicación, nos convertimos en una sociedad de hemisferio izquierdo, que utiliza la discusión, la lógica y la práctica, y demás soluciones como estas, a nuestros problemas. El progreso tecnológico ha sido asombroso y nosotros parecemos haber alcanzado más durante los últimos cincuenta años, en términos de descubrimientos científicos, que en todos los años enteros de la historia del ser humano. Y este es sólo el comienzo. El I-Pod y el I-phone ya son más poderosos que los más grandes computadores IBM, hace apenas dos décadas. Tenemos una tremenda oportunidad para una nueva era de creatividad. Como el computador personal y profesional toma control sobre nuestras rutinas y las mecánicas del hemisferio izquierdo funcionan, nuestro tiempo y mente estarán más disponibles. Deberíamos tener mayor capacidad de experimentar relaciones interpersonales más basadas en los sentimientos, las emociones y el amor espiritual, que en el pasado. En lugar de estar mirando televisión pasivamente, podemos visualizar y crear activamente nuestro futuro, por adelantado. Primero, tenemos que creer que merecemos triunfar. Luego, necesitamos visualizar y verbalizar ese éxito, como si fuéramos guionistas de nuestra vida para un documental para la televisión. De la forma en que lo escribimos y hablamos acerca de nosotros hoy, se determina la forma en que se desenvuelva nuestra vida mañana y el día después de mañana.

9. EL PODER DE HABLAR CON UNO MISMO

Usted es su crítico más importante. No hay opinión tan vitalmente importante para su bienestar como la opinión que usted tiene de sí mismo. Y las reuniones más importantes para dar instrucciones y tener conversaciones que usted tendrá, serán las que tenga consigo mismo.

A medida que usted lee, también habla consigo mismo en este momento: "Veamos si yo entiendo lo que él quiere decir con eso... cómo se compara con mis experiencias... tomaré nota de eso... lo intentaré mañana... ya lo sabía... ya lo hice... muy buen ejemplo... ¿ya llegamos a la parte de 'cómo hacerlo'?

Creo que esta conversación con sí mismo, esta sicolingüística o lenguaje de la mente puede usarse para nuestro beneficio, especialmente en la construcción de la autoestima y la creatividad.

En cada uno de nosotros se hallan dos personas: el que soy yo hoy y el que voy a ser, basado en lo que vea y oiga. Como hemos descubierto, también pensamos en dos formas definitivamente separadas, en dos compartimentos, el derecho y el izquierdo de nuestro cerebro.

Todos hablamos con nosotros cada instante de nuestra vida, excepto durante ciertas fracciones de nuestro ciclo del sueño. Ocurre automáticamente. Poco nos damos cuenta que lo estamos haciendo. Todos tenemos un comentario permanente en mente en cuanto a todos los eventos y a nuestra reacción hacia ellos. Muchas decisiones son subconscientes en el hemisferio derecho de nuestro cerebro y ya que ellas no se expresan en palabras, obtenemos un presentimiento o alguna clase de respuesta visual o emocional hacia lo que vemos, oímos y tocamos. El hemisferio izquierdo critica y aprueba verbalmente lo que decimos y hacemos conscientemente. También abusa verbalmente los reflejos subconscientes causados por el hemisferio derecho. Lo vemos en las canchas de tenis y en las calles todos los días. "Vamos tonto, mantén la bola en la cancha", "Conserva la cabeza abajo, menso". Pero no es su compañero al otro lado de la malla o en el doblete quien está haciendo esas críticas. ¡Es una de sus dos partes del cerebro! Y el hemisferio derecho sabe cómo desquitarse del izquierdo. Lo hace irse de cabeza en el lago la próxima vez que usted maneja, los hace caer en la cancha de tenis, y le da un dolor de cabeza y de estomago, ¡sólo para principiantes!

Usted y yo estamos familiarizados con el juego interno del golf, del tenis, etc. Sabemos por ejemplo, qué tan importante es visualizar al esquiar libremente en la línea descendente, sintiendo la aceleración del aire crujiente, tomándolo con calma, llevando los esquís juntos, el peso cuesta abajo... Esta visualización ocurre en casa o en la cabaña antes de siquiera ponernos los esquís. Es vernos a nosotros mismos, en un estado de ánimo relajado, en nuestros ojos mentales preparándonos para la situación real.

La visualización y afirmación del éxito algunas veces se conoce como "escribir un libreto". Mis propias teorías a este respecto coinciden muy de cerca con las de dos de mis colegas, el doctor Thomas Budzynski de los Estados Unidos y el doctor Georgi Lozanov de Sofía, Bulgaria. La técnica de Lozanov, popularmente conocida en este país como "super aprendizaje", incluye relajación profunda, "sugestiología", música, y palabras habladas. El doctor Budzynski, un líder en estudios de bio-retroalimentación y de lateralización cerebral, ha desarrollado un sistema de aprendizaje llamado "Crepúsculo del aprendizaje" (*"Twilight Learning"*)[4]. Él ha descubierto que si el hemisferio izquierdo es apaciguado, el lado derecho escuchará mensajes que pueden transformar el cuerpo. Los dos, Lozanov y Bidzynski, creen que cuando el dominio del hemisferio izquierdo se suprime, a través de relajación y otras técnicas para controlar el despertar, el lado derecho también es receptivo, tanto a los estímulos verbales como a las imágenes visuales.

Ya que la mayoría de las formas negativas de sentimientos, creencias y actitudes, que tenemos acerca de nosotros, es almacenada, a través de repetición habitual, en nuestro lado derecho necesitamos comenzar a relajarnos y usar conversaciones con nosotros mismos que sean constructivas y amenas, en lugar de destructivas y derogatorias.

---

4. Budzynski, T. H., "Ajuste en la zona de crepúsculo" tomado de "Psicología Hoy" (*Tuning In On the Twilight Zone, Psychology Today*), No. 11, 1977, pp. 38-44.

10. CÓMO PLANEAR SU ÉXITO

Mi enfoque propio a la charla positiva con uno mismo es similar al método de Lozanov, aunque yo estoy usando técnicas de bio-retroalimentación con muchos atletas de alto desempeño. La siguiente es una forma simplificada que usted puede hallar útil para reescribir su conversación privada, para lograr mayor control sobre ciertos aspectos de su vida:

- Elija un tiempo y espacio en el que no sea interrumpido y pueda permitirse estar relajado. La relajación física y mental es obligatoria. La mejor posición es, ya sea, sentado o acostado, con los pies sin cruzar, espalda recta y manos sueltas a los lados o en su regazo.
- Sintonice una estación de música, un CD o I-Pod, preferiblemente música clásica de artistas barrocos (Back, Handel, Vivaldi, etc.). Seleccione música de estos artistas que son de ritmo lento. Eso sería un tiempo 4/4, equivalente a una marca por segundo, o sesenta marcas por minuto. (Observará que el ritmo de su corazón probablemente también baja a sesenta marcas por minuto o inclusive más lento si usted está en buen estado cardiovascular).
- Relajación es la clave, pero es recomendable tener una grabadora digital, para que usted grabe su propia voz. Esta grabación sobre el fondo musical consiste en apreciaciones suyas acerca de sí mismo, en primera persona, en tiempo presente, como si usted disfrutara y poseyera las cualidades que describe en estas autoapreciaciones. No tiene que ir a un estudio de grabación. Sencillamente tome su grabadora portable y vaya a un lugar silencioso y grabe sus mensajes iniciales para usted.

Estos son algunos enunciados que he grabado acerca de mí, en mi propia voz, por mi propia salud, autoestima e implementación de mi creatividad:

- El latido de mi corazón es lento y regular.
- Mi respiración es relajada y sin esfuerzo.
- Mis músculos están relajados y tibios.

- Me estoy relajando en este momento. Estoy tranquilo.
- Estoy en control de mi cuerpo.
- Creo que soy único y especial.
- Prefiero ser yo mismo, que otra persona en el mundo.
- Puedo sentir que mi cuerpo es más sano actualmente.
- Ahora es el mejor momento para estar vivo.
- Estoy orgulloso de mis logros y metas.
- Doy lo mejor de mí en todo.
- Mantengo los compromisos que hago.
- Gano el respeto de los demás.
- Todo está bien en mí ahora.
- Estoy alcanzando mis metas financieras.
- Estoy feliz de ser yo mismo actualmente.
- Mi mundo se está abriendo y expandiendo.
- Voy a mi ritmo. Voy a mi ritmo.
- Me deleito con cada día dorado.
- Tomo tiempo para los atardeceres y las flores.
- Dispongo de tiempo para la gente mayor.
- Soy amable y entregado a mis seres amados.
- Tomo tiempo para jugar como un niño.
- Soy fuerte y vital.
- Soy un vencedor. Soy un vencedor.
- Ayudo a otros a ser vencedores.
- Me respeto y me valoro.
- Hoy es el mejor de mis días.
- Agradezco a Dios por el regalo de vivir.

Cuando usted graba su conversación (algunas de las cuales pueden ser muy diferentes a la mía), hable a un nivel normal de voz. Se dará cuenta que los enunciados duran alrededor de cuatro segundos. Repítalos tres veces y alterne el tono de voz entre afirmativo, mandatorio y suave.

Después de estar relajado y disfrutando de música suave privadamente, encienda la grabadora en su conversación. La música debe estar a mayor volumen que su voz grabada. Haga su grabación apenas reconocible, pero que no interfiera con su concentración con la música relajante. No escuche conscientemente a lo que está diciendo en su grabación. Deje que su hemisferio izquierdo descanse y que su hemisferio derecho disfrute del interludio musical. Este además grabará su conversación positiva de la grabación, como las imágenes y los sentimientos acerca de usted, como base de sus palabras.

Su imagen mental es la clave para un desarrollo saludable. Usted es el escritor, director y protagonista de una obra épica ganadora de un Oscar, o de una película grado B. Quien usted ve en su imaginación, siempre regirá su mundo.

Usted también es su mejor crítico. Puede devastar su autoestima y creatividad con repeticiones sarcásticas y negativas de su desempeño diario. O puede elevar su autoestima con una retroalimentación y ánimo positivos, al igual que con imágenes preliminares de eventos interesantes en el futuro. Su conversación con usted mismo ha sido monitoreada y grabada minuto a minuto, por su autoimagen. Cuando esté hablando con usted, ¡cuide su lenguaje!

11. 10 PASOS DE ACCIÓN PARA DESARROLLAR SU CREATIVIDAD

11.1. Estas son algunas características de los individuos creativos. ¿Cuántas van de acuerdo a su personalidad?

- Optimista acerca del futuro.
- Inconforme positivamente con el estado de las cosas.
- Altamente curioso y observador.
- Abierto a alternativas.
- Soñador cuando se proyecta al futuro.
- Aventurero y con múltiples intereses.
- Con habilidad para reconocer y acabar con malos hábitos.
- Pensador independiente.
- Uso total de los dos hemisferios cerebrales (ideas innovadoras y soluciones prácticas).

11.2. ¿Predomina en usted el hemisferio cerebral izquierdo?

a. ¿Su lugar de trabajo permanece recogido y ordenado? ¿Su carro? ¿Su garaje?
b. ¿Prefiere terminar una tarea antes de comenzar con otra?
c. ¿Le gusta hablar del inconveniente en el momento que este ocurre?
d. ¿Le gustan muchas clases de comida, postres, restaurantes, y come en diferentes momentos?
e. ¿Generalmente ve televisión a ciertas horas y prefiere una rutina de ciertos programas?
f. ¿Sus fines de semana son llenos de nuevas actividades y rara vez las mismas?
g. ¿Le agrada el arte, la música y los rompecabezas? (Dos de tres).

Si su respuesta es afirmativa a: a, b, c y e; y negativa a d, f, y g –es posible que en usted predomine el hemisferio izquierdo. Si su respuesta es afirmativa a: d, f y g, y negativa a: a, b, c y e –puede ser que haya mayor influencia del hemisferio derecho). ¿Pudo sacar conclusiones? Si no, ¡esté más atento!

11.3. No se enamore de una invitación o una idea. Las ideas son expandibles y siempre hay una nueva y mejor. Rétese a hacerlas funcionar y a utilizarlas en forma práctica.

11.4. Aprenda técnicas de relajación que le sirvan. Su imaginación creativa funciona y hace mejores "suposiciones" o "repeticiones" cuando usted está relajado, porque la influencia del hemisferio izquierdo es menos intensa y la del derecho es receptiva a su vista y a ciertas sugestiones auditivas.

11.5. Cuando usted se ve a sí mismo en "el presente" como si ya hubiera cumplido una de sus metas, tenga la seguridad que su imagen visual es como usted lo verá con sus propios ojos, y no como si fuera un espectador.

11.6. No permita que su hemisferio izquierdo lo critique tan duramente cuando cometa un error. Desarrolle un enunciado positivo, de no más de cinco palabras, describiendo su desempeño adecuado, en el tiempo presente. Relájese, escúchese reafirmándose en su enunciado y visualice la acción y el sentimiento que van juntos con él.

11.7. Para reconocer y enfrentar los problemas creativamente, es mejor verlos como "situaciones que necesitan mejorar", "inconvenientes temporales" y "oportunidades para crecer". Cambie su enfoque y actitud hacia los problemas.

11.8. Debe existir un balance entre hablar sobre ideas y planes y llevarlos a cabo. La teoría y la práctica forman un todo. Ponga a prueba sus ideas.

11.9. Cuando enfrente una decisión, tenga en cuenta la técnica que Benjamín Franklin instituyó como su base para tomar decisiones. Haga dos columnas en una hoja de papel y márquelas como "ventajas" y "desventajas". En la columna de ventajas, haga la lista de todos los beneficios y resultados positivos que usted obtendrá si sigue adelante con su decisión. Haga la lista de desventajas y las consecuencias potenciales de su decisión, en la segunda columna. Analice el posible impacto de las ventajas y desventajas. Si las ventajas, en su opinión, sobrepasan las desventajas, y si usted puede vivir con las consecuencias tanto como con los beneficios positivos, entonces siga adelante con su decisión.

11.10. Tómese el tiempo para montar en bicicleta, construir castillos de arena, volar una cometa, oler una rosa, caminar en el bosque o descalzo en la arena. Los adultos necesitamos explorar las maravillas del mundo de la creatividad infantil que produce el hemisferio derecho del cerebro. (Hágalo este fin de semana).

12. PREGUNTAS ACERCA DE SU CREATIVIDAD

12.1. ¿Fantasea e imagina su éxito? ¿Qué tan reciente lo ha hecho?

12.2. ¿Se critica o se da ánimo en sus conversaciones con usted mismo? ¿Ha hecho un enunciado de afirmación corto, para usarlo cuando su conversación se vuelva negativa?

12.3. ¿Repite una y otra vez fracasos pasados? ¿Son ellos más vívidos que sus éxitos?

12.4. ¿Refuerza o revive sus éxitos pasados? ¿Visualiza sus éxitos a través de sus propios ojos?

12.5. ¿Se ve a sí mismo como un verdadero vencedor? ¿Cómo puede esta actitud ayudarle a conseguir nuevas metas?

12.6. ¿Con cuánta frecuencia se relaja y deja que sus pensamientos se dispersen? ¿Haría una cita con usted mismo para hacer esto lo más pronto posible?

3
LA SEMILLA DE LA RESPONSABILIDAD
NOS CONVERTIMOS EN LO QUE HACEMOS

1. Por qué ganaron los japoneses.
2. El tercer secreto mejor guardado para obtener el éxito total.
3. La enfermedad de la gratificación inmediata.
4. Bradford el bárbaro.
5. Cómo construir la confianza en sí mismo.
6. Las siete C del autocontrol.
7. 10 pasos de acción para enseñar responsabilidad.
8. Preguntas acerca de su responsabilidad.

Hay un versículo en el Nuevo Testamento que habla sobre la siembra y la cosecha: "Lo que sembramos, cosecharemos", dice en Gálatas 6:7. Mi abuela me enseñó mucho acerca de sembrar y cosechar; pero no sólo fue en su jardín que ella me habló de las semillas de grandeza.

A veces nos íbamos en el ferri desde el puerto de Harbor Drive en San Diego hasta Coronado Island, para allá y para acá durante el día entero, por cinco centavos cada uno. Empacábamos almuerzo, tomábamos el tranvía hasta el centro de la ciudad, abordábamos el barco y yo me tapaba mis oídos hasta que el ruido del pito avisaba que habíamos partido. Cuando estábamos en la proa del barco, era divertido escuchar los delfines jugar a la mancha o a las escondidas, yendo de un lado para otro como esquiadores, por debajo de la superficie.

El más alto de los rascacielos en nuestro recorrido era el hotel de Coronado; con sus rojizos techos circulares sobresaliendo en contraste por encima de la madera blanca. Mi abuela me contaba acerca de la "ciudad de las carpas" ("tent city"), la cual se extendía por más de una milla en la playa de Silver Strand, cerca al hotel donde cientos de turistas llegaban en sus viejos Hudsons, Oldses y Willys a acampar cerca del océano en vacaciones. Los polichados Cadillacs, Packards y Nashes se parqueaban en el hotel Coronado.

Ella me contaba que la gente común que llegaba en ferri y acampaba en tiendas, sabía cómo disfrutar la vida más que aquellos con tanto dinero. Yo decía que me lo suponía, pero más tarde le preguntaba si algún día podríamos entrar al Coronado y de pronto ver la recepción por dentro, o ver los carros parqueando, con todos esos invitados. Ella sonreía y decía: "De pronto, después que la guerra termine".

En el ferri, de regreso a San Diego, empezaba a oscurecer. Me encantaba mirar todo la ciudad y ver la luz de neón del edificio más alto de la ciudad –"El hotel Cortez". En esa noche especialmente, en 1943, hubo un simulacro de bombardeo aéreo justo cuando estábamos de regreso.

Cuando las sirenas del simulacro retumbaron y las luces se apagaron en San Diego, el panorama era inquietante al ver el cielo llenarse súbitamente con "descargas de globos", que parecían como nubecitas grises suspendidas en cables. De hecho, eran niveladas con manivela desde instalaciones de los cañones antiaéreos (como nuestra versión del misil MX de 1943), diseñados para cortarle las alas a los bombarderos Zero y Mitsubishi de los japoneses y así disuadirlos de una posible invasión a California por la vía del mar.

"¿Nos ganarían los japoneses en la guerra y nos dominarían?" Le pregunté yo a mi canosa abuela, quien parecía tener compresas de tabaco para cada picadura de abeja, y sabiduría para cada pregunta que un niño de nueve años pudiera hacerle. "¡Claro que no¡", me reaseguró, abriendo la puerta de la reja a medida que retornábamos a la seguridad de su pequeña casa. "Pero ellos hundieron todas nuestras naves y yo vi en "La marcha del tiempo" ("The March of Time"), en el teatro Fox, que ellos fueron capturados..."

"¡Shhhhh, ya¡", me interrumpió ella gentilmente, "ellos sufrirán las consecuencias de lo que se buscaron. Ellos han, por sus propias acciones, sembrado las semillas de su propia destrucción". (Eso puede sonar fuerte, como para que un niño de nueve años lo entienda, pero en mi defensa propia y en la de ella, usted tiene que recordar que en 1943 fuimos forzados a sobrevivir sin la bendición de la televisión. Nuestra mayor fuente de diversión eran las discusiones, los libros, la radio y el cine una vez cada par de meses. Era normal para mi abuela hablar conmigo acerca de la vida en términos más adultos).

Mi abuela fue a su cuarto y regresó con una copia escrita a mano de un discurso que vio en un periódico en su oficina, el cual fue trasmitido en la radio por Madame Chiang Kai-shek, quien fue la primera dama y baluarte de inspiración de la gente china en su lucha con la armada japonesa durante la Segunda Guerra Mundial.

La abuela se sentó y se acomodó las gafas. "Yo no lo copié todo, palabra por palabra", decía; luego comenzó a leer:

"Si el pasado nos ha enseñado algo es que toda causa produce su efecto, cada acción trae una consecuencia. Los chinos tenemos un dicho: 'Si un hombre planta melones, cosechará melones; si siembra habichuelas, cosechará habichuelas.' Y esto es cierto en la vida de todos; el bien engendra bien y la maldad lleva a lo malo.

También es cierto que el sol brilla para los buenos y también para los pecadores, y muy frecuentemente parece que el malo prospera. Pero podemos decir ciertamente que, con las personas como con las naciones, el florecimiento de la maldad es una ilusión, ya que, incesantemente, la vida lleva cuentas a cada uno de nosotros.

Al final, todos somos la suma total de nuestras acciones. El carácter no puede ser falsificado, no puede quitarse y volverse a poner como si fuera un adorno momentáneo. Así como las marcas en la madera que han sido impresas en el mismo centro del tronco del árbol, el carácter requiere de tiempo y cuidado para que crezca y se desarrolle.

Además, día a día escribimos nuestro propio destino; por eso inexorablemente... nos convertimos en lo que hacemos".[5]

Luego, la abuela se quitó sus gafas y fue a la cocina a tibiar la torta de ruibarbo. Yo admitiré que no entendí mucho hace cuarenta años. Pero ahora soy un jardinero experto. La verdad de esas palabras –dulces y amargas— está en todas partes.

1. POR QUÉ GANARON LOS JAPONESES

Con el trascurso de los años y después de dos guerras más, ha pasado tiempo desde que enterré mi rencor juvenil contra el Japón, por alejar a nuestro padre de nosotros durante esos tres años y por llevar a otros hombres, mujeres y niños lejos de la vida misma. He

5. Nichols, William, "Un tesoro de nuevas palabras para vivir" (*A New Treasury of Words to Live By*) (New York: Simon & Schuster, 1947), p. 14.

crecido admirando y respetando a la gente japonesa, teniendo muchos amigos cercanos japoneses-americanos y disfrutando de viajes a Japón para aprender más de su cultura. Me duele muy profundamente la forma en que la guerra terminó en Hiroshima, como también me duele por la forma que comenzó en Pearl Harbor. Parece que siempre el inocente recibe los efectos de las causas de los líderes.

No hace mucho tiempo atrás hubo un vuelo que iba de San Francisco a Nueva York y una sección que estaba llena de visitantes japoneses en un tour, que iban de camino a conocer la "Gran Manzana". Yo estaba impresionado con la habilidad que les vi para pasar de su idioma al inglés, sin mucha dificultad. Claro que el inglés es una materia requerida en el Japón; en cambio los idiomas extranjeros en nuestras escuelas se han vuelto más y más opcionales y menos y menos obligatorios.

Escuché a dos señoras muy elegantes en el grupo, que hablaban entre ellas en un inglés comprensible. Habían decidido comunicarse como nosotros durante el trayecto del viaje. Yo no estaba escuchando a hurtadillas ni a propósito a medida que las oía charlando y bromeando en la hilera frente a mí. "¿Qué quieres hacer primero, después que lleguemos al Kennedy? Dijo una de ellas. "Bajarme del avión y recoger nuestras maletas", contestó bromeando.

"No", dijo riendo la otra, "digo después de registrarnos en el hotel". "Realmente no me importa", respondió. "Me gustaría mirar regalos en todos los almacenes y tiendas para llevar a casa. He escuchado que los precios son mucho más razonables en América". "Pero tenemos que tener un poquito de cuidado", dijo su amiga. "Los precios son más bajos, pero la calidad no es la que debería ser".

Yo metí mi nariz de nuevo en mi *Wall Street Journal* y pasé entero, sintiendo un nudo en mi estómago. Estas dos jóvenes japonesas no estaban siendo sarcásticas o displicentes. Estaban simplemente expresando opiniones honestas, basadas en sus propias percepciones. Yo pensé en mi frialdad hacia los productos japoneses a medida que iba creciendo. En esos días, "Hecho en Japón" significaba que los productos eran principalmente cometas de madera y papel, parasoles, ventiladores, fósforos, cajas y otras curiosidades. Casi todas las importaciones japonesas estaban relegadas a las tiendas de cinco y diez centavos debido a la calidad cuestionable de la mano de obra.

Hoy, cuando busco los Hudsons, los Studebakers, Nashes, Willyes, Kaisers y Packards, que solía ver parqueados en la "ciudad de las carpas" cuando era un niño, todavía cuento Toyotas y Hondas... He estado dando seminarios motivacionales recientemente a vendedores de carros americanos por todo el país. Una mañana en particular, estaba compartiendo un mensaje bastante productivo y a medida que me desplazaba confiadamente por la plataforma del recinto, le dije a los trescientos vendedores que yo era optimista en el reavivamiento de la gran tradición americana de la excelencia y la dedicación.

"Caballeros", dije autoritariamente, "hemos cerrado el círculo. Ahora estamos nuevamente en el camino indicado y estamos adquiriendo velocidad hacia una recuperación económica total".

Y cerré con mayor resonancia todavía en mi voz, "Caballeros, ¡vemos la luz al final del túnel!" Una voz en la audiencia me contestó, "¡Si, y hay un tren de carga japonés acercándose en dirección contraria!".

¿Parece increíble, no es cierto? Que un país suficientemente pequeño, que cabe fácilmente en California en términos de tamaño, pudo arrastrarse fuera de los escombros de la Segunda Guerra Mundial y convertirse en uno de los poderes económicos del mundo en menos de cuarenta años. Obviamente que nosotros le ayudamos al Japón a reconstruir sus fábricas y su economía. Pero hay mucho más en esta historia que un tío benevolente. Entre las naciones, Japón tiene el menos índice de mortalidad infantil, el mayor porcentaje de alfabetismo, el mayor promedio de longevidad, el mayor nivel de educación entre la juventud, y está entre las naciones con menos crímenes violentos que cualquier otra nación. Superpoblada y baja en recursos, Japón todavía se para de frente como el impávido David hablándole a Goliat.

En justicia al resto de nosotros en el mundo occidental, debemos destacar que siglos de cultura innata han tenido una influencia significativa en la laboriosidad y la resiliencia del Japón. La calidad del proceso en la toma de decisiones está relacionada con un procedimiento japonés llamado "Nemawashi" (envolver las raíces de un árbol o una rama antes de moverlos); una traducción libre de este término puede ser "acuerdo circular". El acuerdo es necesario a lo largo y ancho de toda organización, a todo nivel, antes que se ejecute una acción en el Japón. Hacerlo es engorroso y puede ser un consumo de tiempo frustrante, pero ciertamente reduce las posibilidades de huelgas y empleados descontentos. Una herramienta muy exitosa que emplean los japoneses en su estilo gerencial Nemawashi es el "círculo de calidad" diseñado para involucrar grupos pequeños y diversos de personal y empleados del mismo rango que se reúnen regularmente a discutir problemas relacionados con el trabajo. Irónicamente, el concepto del círculo de calidad fue desarrollado por el americano W. Edward Deming, en 1948. Desde su exitosa implementación por los japoneses, las compañías americanas han comenzado a redescubrir esta herramienta de comunicación grupal como un esfuerzo para obtener mayor productividad empresarial.

Quizás el mayor factor responsable del éxito de los japoneses en "construir su grandeza de las cenizas" es la disponibilidad para mirar de frente al futuro, al mismo tiempo que ponen un máximo de esfuerzo de trabajo y sacrificio en el presente. Los trabajadores japoneses ahorran un promedio del 20% de sus ingresos consumibles, más del triple que los americanos. En el Japón, se le conoce como "ingreso discrecional", que significa que se puede elegir entre gastarlo o ahorrarlo. En América lo llamamos "ingreso disponible", y cuando lo obtenemos, ¡nos apresuramos a gastarlo! Y ahora es China la que está destinada a ser la mayor fuerza política y económica, debido a la misma ética de trabajo y ahorro de las culturas asiáticas.

2. EL TERCER SECRETO MEJOR GUARDADO PARA OBTENER EL ÉXITO TOTAL

Parece obvio para todos menos para nosotros, como individuos, que los americanos estamos deshaciéndonos de nuestras pasadas victorias a tan gran velocidad, que estamos volviendo a fortalecer nuestra inversión actual en aras de una cosecha futura. En lugar de descansar simplemente en nuestros laureles, parecemos estar comprometidos en empeñarlos.

Como sociedad, protestamos por la libertad individual y el orden social al mismo tiempo. Nos esforzamos por alcanzar bienestar material y quisiéramos bienestar espiritual como un producto derivado. Pedimos mayor protección del crimen, pero demandamos menor interferencia en nuestros hábitos sociales. Queremos disminuir los impuestos, tomar riesgos grandes y construir nuestros destinos, pero al mismo tiempo pedimos que el gobierno nos provea mayor seguridad financiera. Pero no podemos tener las dos cosas. Si queremos resultados, debemos pagar el precio.

El tercer secreto mejor guardado para obtener el éxito total es que nuestras recompensas en la vida dependerán de la calidad y cantidad de la contribución que hagamos.

¿Queremos libertad pero aún estamos dispuestos a pagar el precio? Yo creo que usted y yo queremos. Por eso escribí este libro. Es mi forma de mirarme al espejo, en mi vida y la de mi familia, para decirme a mí mismo: "¡Vamos, despierta América! Enganchemos el vagón y pongámonos en marcha otra vez. Si Dios nos dio la ley de la causa y el efecto para que pudiéramos llevar la cuenta de lo que estamos logrando, tenemos que aprovecharla estudiando el "efecto" de la forma en que vivimos. El secreto consiste en cambiar la "causa".

La causa de muchos problemas sociales es muchas pequeñas causas separadas. He viajado casi todos los días durante los últimos cuatro años, entrevistando estudiantes a todo nivel, padres, políticos, astronautas, antiguos rehenes y prisioneros de guerra, atletas olímpicos, ejecutivos empresariales y trabajadores de fábricas. El mismo mensaje surge fuerte y claro: "Necesitamos redefinir y reenseñar el concepto de responsabilidad a esta y a las siguientes generaciones". Nada grita más fuerte de la condición de una nación, que los hábitos de su juventud. Y los hábitos de la juventud de América no son más que un reflejo directo de cómo los adultos manejan la responsabilidad.

¡Los hechos no necesitan de embellecimiento! A medida que usted lee este libro, en los Estados Unidos, cada quince segundos ocurre un accidente de tráfico relacionado con un adolescente intoxicado al volante, causando daños a otras personas. Cada veintitrés minutos un niño muere en una estrellada automovilística y en la mayoría de casos, por causa de drogas y alcohol. Este año, de los cientos de miles de jóvenes americanos que tratan de suicidarse, más de cinco mil lo logran. Más del 80% de las víctimas del suicidio han hecho amenazas abiertas antes de suicidarse. En los Estados Unidos, el suicidio es actualmente la segunda mayor causa de muerte entre adolescentes, encabezada por accidentes de tráfico primeramente. ¿Qué está causando esta avalancha de violencia y tragedia?

3. LA ENFERMEDAD DE LA GRATIFICACIÓN INMEDIATA

El culpable está disfrazado en un refrán de ocho palabras: "El descanso es la mejor clase de vida". La mayor causa de lo que está debilitando a América, en mi opinión, es la obsesión irresponsable por la gratificación sensual inmediata. "Queremos amor sin compromiso, beneficios sin trabajar por ellos. El esfuerzo, el sacrificio y el dolor son inaceptables. Si se siente bien instantáneamente, lo intentaré. Si no tengo la certeza de ganar, entonces ni lo intento. Quiero el sueño americano que vi en la televisión, en las películas, el que mis padres me dijeron que yo obtendría porque soy tan especial. Y lo quiero ya. ¡Mañana es tarde!

En su absorbente libro, *Me: The Narcissistic American*,[6] el cual recomiendo altamente a todos los padres y líderes, el sicoanalista Aaron Stern llega al centro del problema:

"Para alcanzar la madurez emocional, cada uno de nosotros debe aprender a desarrollar dos capacidades críticas: la habilidad de vivir con incertidumbre y la habilidad de demorar la gratificación inmediata en beneficio de las metas a largo plazo.

La adolescencia es un tiempo de resistencia máxima para madurar. Es una época que se caracteriza por el esfuerzo ingenioso del adolescente por mantener los privilegios de su niñez, y a la misma vez demandar los derechos de su madurez. Es un punto en el que

6. Stern, Aaron, M.D., "Me: The Narcissistic American" (New York: Ballantine, 1979), pp. 28, 55.

muchos seres humanos no pasan emocionalmente. Entre más hacemos por nuestros hijos adolescentes, menos pueden hacer ellos por sí mismos. El joven dependiente de hoy está destinado a ser el padre dependiente del mañana".

Como padre de seis hijos, sé por experiencia que los mejores regalos que los padres pueden darles a sus hijos (y los jefes a sus empleados), son raíces y alas. Raíces de responsabilidad y alas de independencia. Cuando esas raíces y alas faltan, los resultados son muy perturbadores –y hasta trágicos.

4. BRADFORD, EL BÁRBARO

En mis seminarios sobre liderazgo y paternidad, cuento una historia verídica acerca de una joven pareja que me invitó a una cena a su hogar hace algún tiempo, luego de un día entero de programa en la universidad. Ellos, igualmente inteligentes, con grados de estudio avanzados, habían optado por un hogar "centrado en su hijo" de cinco años. Bradford tendría todo a su disposición para convertirse en un ganador en el mundo competitivo externo. Cuando yo llegué al frente del garaje de una casa moderna de dos pisos, al estilo Tudor al final de un callejón sin salida, debería haber sabido lo que me esperaba. Me paré sobre su muñeco E.T. al salir del carro y el saludo fue: "¡Mire bien por dónde camina o tendrá que comprarme uno nuevo!".

Llegando a la puerta del frente, descubrí que este era el espacio de Bradford y no el de sus padres. Los muebles, parecían que habían sido de fina calidad. Creo que reconocí una pieza de Ethan Allen que sufrió "la ira de Kahn". Intentamos tomar una tasa de cidra caliente en la sala familiar, pero Bradford estaba ocupado arruinando los controles de su nuevo video juego. Tratar de encontrar un lugar donde sentarnos fue como saltar en un pie sobre un campo minado, con los ojos vendados.

Bradford fue la primera persona en ser servida a la mesa, en la sala, para que no estuviera solo. Casi suelto mi tasa caliente sobre mis muslos de la sorpresa cuando sacaron una silla alta que fue diseñada como el asiento de inyección de un avión, con cuatro patas y correas. (Secretamente visualicé la cobertura de un cañón de 20 milímetros, amarrado a un cohete debajo del asiento, con un fusil de dos segundos). Él tenía cinco años de edad ¡y tenía que ser amarrado a una silla alta para lograr que comiera!

A medida que comenzamos la ensalada en el comedor, la cual era un cuarto adjunto contiguo y abierto a la sala, Bradford tiró su comida sobre la alfombra y procedió a regar la leche sobre ella para asegurarse que las arvejas y las zanahorias se hundieran entre ella. Su mamá le suplicaba: "Brad, cariño, no hagas eso. Mami quiere que tú crezcas fuerte y saludable como tu papá. Ya te traigo más comida mientras tu papi limpia". Mientras ellos estaban ocupados con sus quehaceres, Bradford había soltado las correas de su asiento, se había bajado de su percha y estaba conmigo en el comedor, comiéndose mis olivas. "Creo que deberías esperar tu comida", le dije amablemente, sacando sus manos de mi plato de ensalada. Él movió su pierna para golpearme en la rodilla, pero mis antiguos reflejos de ex piloto no me fallaron y crucé mis piernas tan rápidamente que no pudo, se resbaló y cayó duro en el piso y se pegó en las nalgas. Cualquiera habría pensado que venía del dentista. Gritó y corrió hacia su madre, sollozando, "¡Él me pegó!" Cuando sus padres preguntaron qué había pasado, calmadamente les informé que se había caído accidentalmente y que además, "¡yo nunca le pegaría a un jefe cabeza de familia!"

Yo sabía que era hora de marcharme cuando ellos acostaron a Príncipe Valiente, colocando galletas de granola en las escaleras para atraerlo. ¡Y él se las comió camino a su cama! "¿Cómo van a hacer para motivarlo a ir a la escuela?" pregunté calmadamente. "Oh, estoy seguro que algo inventaremos", dijeron riendo. "Sí, ¿pero qué tal si el perro de los vecinos se come lo que ustedes pongan? ¡Se va a perder como Hansel y Gretel! (Le pedí perdón a Dios por no quedarme callado, mientras iba de regreso al aeropuerto).

Como conferencista viajero, veo muchos niños que están encargados de sus padres en la América de hoy. Además veo muchos adolescentes y adultos, que como resultado de baja autoestima y liderazgo débil, están fuera de control. Si usted está interesado en la mejor documentación sobre irresponsabilidad en nuestra sociedad actual, lo insto a ver la película "Epidemic", producida por MTI Telegraphs, Inc., en Northbrook, Illinois.

Una tercera parte de los jóvenes americanos comienza a fumar marihuana en la escuela intermedia y uno de cada diez estudiantes de último grado la fuma diariamente. Y esto es a nivel nacional, no solamente en ciertas regiones del país. Hay tres millones de adolescentes alcohólicos en América, y la cifra se eleva. Ahora, yo no soy de tendencia derechista o radical, y no me asusto fácilmente. ¡Pero tenemos que hablar abiertamente de estos asuntos! La marihuana es el negocio agrícola número uno en California, Florida, Georgia, y no sé en cuántos estados más. ¡Y no es algo inofensivo! Por el contrario, el THC, el ingrediente psicoactivo en la marihuana, puede causar la pérdida permanente de la memoria y muchos problemas serios en el sistema reproductivo. Según recientes estudios gubernamentales, los fumadores de marihuana están comenzando a aparecer con cáncer de pulmón en un patrón similar a los fumadores de cigarrillo corriente. Todo esto sumado a conductas autodestructivas basadas en presiones de los padres, los compañeros y las presiones de gratificación sensual inmediata de parte de los medios.

5. CÓMO CONSTRUIR LA CONFIANZA EN SÍ MISMO

Nuestras verdaderas recompensas en la vida dependerán de la calidad de contribuciones que hagamos. Desde las Escrituras, la Ciencia, la Sicología, los negocios, la base es la misma: "Cosechamos lo que sembramos". "Por sus obras los conocerán". "Te beneficias de lo que inviertes". "Para cada acción, existe una reacción igualmente opuesta". "No existe tal cosa como almuerzo gratis".

La forma en que podemos construir autoconfianza es reconociendo la cantidad de alternativas que tenemos en una sociedad libre. Cuando entrevisté a nuestros prisioneros de guerra a su regreso, junto con los primeros rehenes de Irán, lo que ellos dijeron que habían extrañado más de todo fue su "libertad para elegir". Hay dos decisiones fundamentales en nuestra vida: aceptar las condiciones tal como son o aceptar la responsabilidad de cambiarlas.

Un estudio reciente en Berkeley en la Universidad de California indica que los individuos más felices y mejor adaptados en su vida actual y pasada, son aquellos que creen que tienen muy buen control de su vida. Ellos parecen elegir respuestas más apropiadas a lo que ocurre y a afrontar los cambios inevitables con menos aprehensión.

Ellos aprendieron de sus errores pasados, en lugar de repetirlos. Ellos invirtieron su tiempo "actuando" en el presente, en lugar de temer lo que podría pasar.

Los individuos de mentalidad opuesta creen en la suerte, el destino, la maldición, el momento y el lugar inadecuados, la precisión astral y biorrítmica, y en "no se puede luchar contra la corriente". Ellos son dados a vivir en el temor y como resultado, sufren los mayores problemas emocionales y físicos. Se ven a sí mismos como víctimas del sistema. Además piensan que se tiene o no se tiene y que la mayor parte del éxito es como una lotería o un juego de dados. Cuando analizamos lo que los japoneses han logrado desde la Segunda Guerra Mundial, cuando leemos sobre los miles de logros de individuos que han decidido salir del gueto a la grandeza, vemos la verdad: en América, muchas víctimas del sistema son realmente voluntarios que están cooperando en su derrota.

En el primer capítulo hablamos acerca de tres grandes temores: al rechazo, al cambio y al éxito. Una buena forma de triunfar sobre el temor y construir confianza en sí mismos es reconocer que todos somos "creación de Dios pero automoldeados", y que recibimos amor, liderazgo espiritual, reglas y leyes divinas, para ayudarnos a entender cómo causamos nuestro propio efecto con nuestras decisiones.

He aprendido a buscar retroalimentación efectiva hasta en la más absurda y ridícula de mis creencias. He aprendido que los fracasos deben verse como "piedras sobre las que se construye el éxito". De los rehenes y prisioneros de guerra he aprendido a apreciar mi libertad y la responsabilidad que esta implica. Disfruto ejerciendo las múltiples decisiones que tomo para responder a los muchos retos que enfrento.

Para construir nuestra autoconfianza necesitamos remplazar el temor por el conocimiento de la acción. Leí un estudio reciente de la Universidad de Michigan que me ha ayudado a reducir el temor en mi vida. El estudio determinó que el 60% de nuestros temores es totalmente injustificado. El 20% ya se ha convertido en actividades pasadas y está completamente fuera de nuestro control; y el otro 10% es tan débil que no hace la mayor diferencia. Del 10% sobrante de nuestros temores, sólo el 4% o 5% son reales. Y aún de ese porcentaje, ¡no podemos hacer nada al respecto! La última mitad, o 2% restante que es real, está relacionado con soluciones fáciles que podemos tomar si dejamos de asustarnos y empezamos a actuar... combinando conocimiento y acción.

Esta es la recomendación: escoja un día cada siete semanas, y márquelo con una "T" en su calendario (después que termine este capítulo). Aunque inicialmente será su día de "enfrentar temores", realmente se convertirá progresivamente en un día de "retroalimentación". Concéntrese en identificar durante ese día, todas las fuentes de posible ansiedad y preocupación que le rodean. Escriba todas esas cosas y haga una lista de algunas alternativas para enfrentarlas. Luego, ya sea telefónicamente, arregle una entrevista personal o escríbale a alguien que usted aprecie o a quien usted considera que puede "aconsejarle en su problema". Comience a recibir retroalimentación. Si hace algo con respecto a cada uno de sus temores en la lista, descubrirá que su día "T", aún si es una hora o dos de ese día, le ayudará a mejorar su plan de contingencia. Y cuando el temor aparezca usted ya habrá dado pasos positivos de acción para minimizar su impacto, ¡cuarenta y nueve días antes!

No solamente somos víctimas autoencarceladas de nuestros propios temores, sino que también somos víctimas del hábito y la conformidad de grupo. En un sentido muy real, cada uno de nosotros se convierte en el rehén de cientos de restricciones que nos impusieron desde la niñez, y nosotros aceptamos o rechazamos. Como adolescentes y adultos jóvenes, algunos sentimos la fuerte necesidad de conformarnos a los estándares de nuestros pares. Y nos engañábamos pensando que éramos "diferentes", pero realmente estábamos más reglamentados que un ejército marchando con todo y uniforme completo.

Para ser adultos confiados necesitamos tener unas pautas. Ser diferentes, si eso significa con patrones de conducta personal y profesional más altos. Ser diferentes, si se trata de ser más limpios, organizados y mejor presentados que el resto del grupo. Es siempre mucho mejor llegar a las reuniones luciendo excelentemente, que peor que todos los demás. Ser diferentes, si esto es invertir más tiempo e interés en todo lo que hacemos.

Ser distintos, si se trata de tomar riesgos calculados. El mayor riesgo de la vida es esperar y depender de otros para obtener su seguridad, ya que la mejor proviene de planear y actuar tomando los riesgos que lo harán independiente.

6. LAS SIETE C DEL AUTOCONTROL

¿Existen algunos pasos específicos para desarrollar autocontrol? De hecho, sí. Los llamo "las siete Cs del autocontrol":

6.1. Controlamos el reloj: sí es posible. Aunque siempre corre, podemos usarlo como queramos: cuánto queremos trabajar, jugar, descansar, preocuparnos, posponer. No siempre podemos controlar nuestro horario de trabajo, pero a largo plazo lo conseguimos. Podemos cambiar. Para controlar mejor el reloj –levántese media hora antes y decida lo que va a hacer durante el día, que sea beneficioso para usted y los que lo rodean. Haga llamadas telefónicas a ciertas horas, ocúpese de la correspondencia de una vez y delegue todo el trabajo que no puede posponer haciéndose la pregunta: "¿Es esta la mejor forma de usar mi tiempo en este instante?"

6.2. Controlamos nuestras ideas: nuestros pensamientos y nuestra imaginación creativa. Necesitamos recordar que la imaginación, con simulación nos lleva a la comprensión. Preguntémosles a los prisioneros de guerra si alguno pudo controlar las vistas preliminares de sus futuras atracciones.

6.3. Controlamos nuestros contactos: no podemos seleccionar a toda la gente con la que nos gustaría trabajar o estar, pero sí controlamos con quién queremos pasar la mayor parte del tiempo y conocer nueva gente. Podemos cambiar nuestro entorno y buscar modelos de conducta exitosos para aprender de ellos y compartir con ellos.

6.4. Controlamos nuestras comunicaciones: estamos en control de lo que decimos y cómo lo decimos. Reconociendo que no aprendemos cuando hablamos, mucha de nuestra comunicación es escuchar, observar y cualificar. Cuando nos comunicamos (usted y yo), estamos preparados para enviar un mensaje que tenga valor y mutuo entendimiento para quien lo recibe.

6.5. Controlamos nuestros compromisos: elegimos qué conceptos, contactos y comunicaciones toman la mayor parte de nuestra atención y esfuerzo. Somos responsables por cuáles de ellos se vuelven contractuales, con prioridades y plazos. Creamos nuestro propio ritmo –despacio, intermedio, rápido—, con respecto a nuestros compromisos.

6.6. Controlamos nuestras causas: con nuestros conceptos, contactos y compromisos, organizamos nuestras metas a largo plazo, las cuales se convierten en nuestras causas, los aspectos por los cuales somos más identificados por los demás. Usted y yo tenemos causas valiosas y un plan de vida que nos produce confianza y fortaleza.

6.7. Controlamos nuestras preocupaciones: mucha gente reacciona emocionalmente a todo lo que le parece una amenaza para su bienestar personal. Como usted y yo tenemos una autoimagen creativa y un sentimiento arraigado de autoestima, independiente de lo que ocurra en nuestro entorno –respondemos, y no solamente reaccionamos— utilizando la lógica del hemisferio izquierdo combinada con la intuición del hemisferio derecho. Y nuestras respuestas generalmente son constructivas. Lo que más nos interesa es el disfrute de la vida.

Nos damos cuenta que somos responsables de causar nuestros propios efectos en la vida. Enfrentamos los retos más fuertes entendiendo primero, que nuestra gratificación vendrá después que hayamos hecho el esfuerzo de realizar nuestra parte. Les decimos a nuestros empleadores lo que vamos a ofrecerles por sus servicios, antes de preguntar cuál va a ser nuestra escala salarial y el paquete de beneficios. Estamos muy conscientes que nuestras verdaderas recompensas en la vida dependerán de la calidad y cantidad de contribuciones que hagamos. A corto o largo plazo, cosechamos lo que sembramos.

7. DIEZ PASOS DE ACCIÓN PARA ENSEÑAR RESPONSABILIDAD

Comienza temprano...

7.1. Cuando los niños son lo suficientemente mayores para entender, deberían jugar, lavar y recoger sus juguetes; deberían tener la capacidad de comer, tener la responsabilidad de tender su cama y tener la rutina de mantener sus pertenencias en orden. Nunca se les debe pagar por hacer algo que es para ellos porque al hacerlo, realmente se les roba la autoestima y se convierte en una forma de soborno.

7.2. Deben existir responsabilidades para cada miembro de la familia. Para el funcionamiento del hogar (más adelante es el negocio) deben existir unas rutinas constantes, a ciertas horas y días específicos. Los pagos pueden ser en forma de abrazos amorosos, dinero de bolsillo o privilegios especiales. Lo que se realice debe ser supervisado, aprobado y recompensado en una escala relativa, similar a la que encontraremos cuando estemos fuera de casa. Los niños y los adolescentes deberían tener cuenta de ahorros y/o bancaria, e ir personalmente a abrirlas y a hacer sus depósitos. Es importante hacer una lista de los sueños para colocarla en un lugar visible y apoyarla constantemente. Los niños deben aprender a ahorrar su dinero pensando en cumplir las metas que se propongan a tres, seis meses mínimo y hasta más si es posible.

Continúa...

7.3. La televisión debe estar apagada a menos que alguien esté mirando. Los programas deben seleccionarse según los horarios y el valor, interés y tema. Deben planearse formas alternas de diversión: juegos, conciertos, recitales, museos, seminarios, programas educativos, charlas, historias de fantasmas, comedias –todo lo que estimule la imaginación creativa y produzca control. Cuando se ven programas controversiales, se deben discutir durante los comerciales y después, escuchando todas las opiniones en lugar de desafiarlas. La televisión no debe representar una lucha interna y subconsciente para un niño, adolescente o adulto, sin por lo menos un análisis lógico.

7.4. Hasta que sus adolescentes vuelen del nido, es su responsabilidad saber dónde y con quién están, y lo que más se pueda acerca de lo que están haciendo y la hora en que regresarán a casa. Cualquier amigo debe ser bienvenido a la familia. La mejor forma de saber en qué ambiente se encuentran sus hijos es invitando a sus amigos a casa y observar de primera mano. La segunda forma es conocer a los padres de sus amigos. Acordar reglas con las que las familias estén de acuerdo, habiéndolas hablado por adelantado con sus hijos y preguntándoles cuáles actos de disciplina serían justos en caso de romperlas. Las reprensiones que ellos se asignen son generalmente más fuertes que las que los padres establecen. Sea consistente en sus exigencias y en su disciplina.

7.5. No les compre carro a sus hijos. Si es necesario, después que ellos hayan ahorrado para su cuota inicial, sírvales de fiador en el banco para garantizar que ellos paguen. Ellos deberían hacer los pagos de su carro y seguro. Los carros que los padres les dan a sus hijos, se van por lo menos tres años antes al deshuesadero de carros, que los que los hijos compran con su dinero. Un chico que compra su propio carro, lo brilla dos veces más frecuentemente. Si existe alguna evidencia de alcohol o drogas conectada con el uso del carro de sus hijos adolescentes o adultos jóvenes, tome acción inmediata por lo menos por un período de tres a seis meses. En los Estados Unidos un adolescente muere cada veintitrés minutos en un accidente automovilístico.

Y continúa por el resto de la vida...

7.6. Lleve consigo el siguiente lema para todas sus enseñanzas: "La vida es un proyecto para hacerlo uno mismo". Cuando sus subordinados le traigan un problema, primero debería preguntarles: "¿Qué crees que deberíamos hacer al respecto?" Cuando usted hace sugerencias, asegúrese de dar la responsabilidad sobre la solución y el seguimiento de esta a los involucrados. Resista la tentación de tomar la vía fácil y hacerlo por ellos.

7.7. No hable acerca del abuso de las drogas y de irresponsabilidad, para después regresar con tres tragos dobles encima del almuerzo. Nuca predique lo que no practica.

7.8. Conviértase en un modelo de conducta para sus compañeros y para quienes desea liderar. Y siempre guíese por gente que usted admira, y no por el grupo de gente en el cual usted se desenvuelve. Yo vi un equipo entero de ventas que fumaba la misma clase de cigarrillos que el jefe de mercadeo (¡y era una firma de seguros de salud!).

7.9. Deje que sus hijos, empleados y subordinados se equivoquen sin el temor del castigo o el rechazo. Muéstreles que el error es un mecanismo de aprendizaje que se convierte en la base para construir el éxito.

7.10. Nunca saque excusas para nada. Si no se puede cumplir un compromiso, siempre comuníquese para explicar la razón. De ningún modo saque excusas frente a hechos. Posponer cualquier decisión lleva a la racionalización del fracaso. Jamás saque excusas frente a la gente que usted lidera.

8. PREGUNTAS ACERCA DE SU RESPONSABILIDAD

8.1. ¿Qué lo está reteniendo de alcanzar más éxitos? ¿Qué puede hacer al respecto?

8.2. ¿Vive con muchos "tengo que..." en su mundo?

8.3. ¿Se siente en control de su destino? ¿En qué áreas de su vida está posponiendo gratificación para alcanzar metas a largo plazo?

8.4. ¿Está dando más de lo que se espera que dé? Piense en un par de ejemplos específicos en donde lo haya hecho recientemente.

8.5. ¿Es usted una víctima de muchas circunstancias externas? ¿Cómo puede usarlas para enseñarle sobre responsabilidad a otras personas?

8.6. ¿Cómo puede controlar mejor lo que le ocurre a usted? Para ayudarse a contestar, haga una revisión rápida de las "siete C".

4

LA SEMILLA DE LA SABIDURÍA QUÉ SIGNIFICA VIVIR "SIN CERA"

1. El triangulo de integridad.
2. El conocimiento hace la diferencia.
3. Ser honesto con uno mismo.
4. Si pudiera vivir mi vida otra vez.
5. El cuarto secreto mejor guardado para obtener el éxito total.
6. 10 pasos de acción hacia la sabiduría.
7. Preguntas acerca de su sabiduría.

En la antigua Roma, ser un escultor era una profesión popular. Usted no era considerado influyente si en su casa o lugar de trabajo no había varias estatuas de los dioses adornando el lugar. Como en cualquier industria, existía buena y mala calidad en el negocio de las estatuas. Cuando ocasionalmente un escultor cometía un error al esculpir una estatua en particular, la hendidura o área partida se rellenaba con cera. Los escultores se volvieron tan diestros en "arreglar" con cera sus trabajos, que mucha gente no podía ver la diferencia en la calidad a simple vista.

Si alguien quería una estatua auténtica y de fina calidad, esculpida por alguien que enalteciera su trabajo, tenía que ir al mercado de los artesanos en la plaza de Roma y buscar los avisos marcados por los dos lados, que dijeran: "sine cera"—sin cera. Allí se encontrarían las verdaderas estatuas.

En todo lo que hacemos en la vida estamos buscando esas cosas y esos individuos que representen algo real. Más que ninguna otra virtud, buscamos en la gente el valor de la "sinceridad" –sin cera.

En el capítulo anterior, describí la responsabilidad como el entendimiento de la ley divina de la causa y el efecto. Este capítulo está dedicado a la sabiduría, que es la combinación de la honestidad y el conocimiento aplicados en la práctica. La sabiduría es el conocimiento sincero en acción. –No hay mejor ejemplo de la ley de causa y efecto que aquel que se demuestra en los resultados de honestidad o deshonestidad de una persona, en un período de tiempo. No puede haber verdadero éxito sin honestidad. De alguna manera, en algún lugar, en algún momento, por alguna razón, la persona o casa con cera se derretirá y revelará su fraude interno. Ya me he referido a Earl Nightingale como, en mi opinión, uno de los grandes filósofos de nuestro tiempo. Earl me dio la oportunidad de iniciarme en el campo del desarrollo personal, cuando se tomó el tiempo de escuchar un sólo audiocasete que fue grabado durante una noche de conferencia que yo hice en una iglesia en San Diego. Earl le envió la grabación a su socio, Lloyd Conant, en Chicago y los resultados fueron el álbum *La sicología del ganador* (*Psychology of Winning*), que fue mi primer trabajo exitoso como programa de autoayuda.

Aún antes de conocer a Earl a mediados de los 70s, yo era su gran seguidor a través de la radio. Desde entonces he tenido la oportunidad de escuchar la mayoría de sus programas radiales, así como sus cintas y grabaciones para educación y entretención propias. Escuchar a Earl Nightingale debe ser, para mí, lo que debe ser para los conocedores de música clásica escuchar a Bach y Beethoven –puro placer. Al reescuchar el conocimiento de la naturaleza humana que hay en él, encuentro un hilo conductor entretejido en la estructura de la mayoría de sus programas. Ese hilo en común es la honestidad personal.

Él llama a nuestra honestidad personal "el bumerán infalible". Yo siempre he dicho que "quienes somos va en círculo" y eso es exactamente para lo que un bumerán está diseñado. Cada vez que los individuos se envuelven en actividades deshonestas de cualquier clase, los resultados se les devuelven. Cuando un político se lanza para alcalde, sus seguidores tratan de "esconder los esqueletos" en su pasado que podrían devolverse y aparecer durante la campaña o durante el período de gobierno.

Se ha dicho mucho que nuestras tiendas que venden al detalle necesitan tener un detector de mentiras que les ayude por adelantado a seleccionar empleados y personal honesto. Actualmente en los Estados Unidos, la conveniencia ha desplazado a la honestidad y a la integridad como lo más importante. Si usted tiene el dinero y los medios, puede comprar los exámenes de cualquier escuela secundaria y universidad; puede contratar alguien que presente el examen por usted; también puede comprar títulos de cualquier carrera, maestría o doctorado. Sin embargo, no puede comprar respeto y reputación. Ellos no están a la venta y sólo se consiguen con la honestidad. De esa forma no se derriten bajo el calor de una investigación o el paso del tiempo. Ellos son sin cera.

Más que ninguna otra cualidad, la honestidad es lo que más quiero en mis seis hijos. Si la enseñamos pronto, no la perderemos jamás. Se convierte en parte de nuestro ser, de nuestra manera de hacer las cosas y más que cualquier otra cosa, garantiza virtualmente nuestro éxito como seres humanos.

Si usted encuentra una billetera llena de dinero en el pavimento, ¿qué haría? Se sorprendería ante la variedad de respuestas de la audiencia durante mis seminarios:

- "Depende de cuánto dinero hay allí".
- "La conservo y saco un aviso en la prensa por una semana; si nadie la reclama, gasto el dinero".
- "Me quedo con el dinero y le envío la billetera al dueño".

Si usted o yo encontramos una billetera en el pavimento, contactaríamos al dueño, basados en la información que hay en ella, enviando tanto la billetera como el dinero intactos. No esperaríamos más recompensa que un "gracias". ¿No sería eso lo que esperaríamos si fuera a nosotros a quienes se les perdiera la billetera? Obviamente. Buscamos honestidad en nuestras relaciones ofreciéndola voluntariamente en todas nuestras acciones. Aún si no recibimos honestidad a cambio en la mayoría de nuestras transacciones diarias, siempre y cuando nunca nos desarraiguemos de nuestros más profundos valores, la cuenta se acumulará a nuestro favor con el trascurso del tiempo. Este es uno de los principios de vida más importantes, más obvios y desafortunadamente, menos entendidos. Con el tiempo, las buenas acciones se convierten en buenos resultados.

1. EL TRIÁNGULO DE LA INTEGRIDAD

Mis nietos están actualmente entre los doce y los medianos veinte años, y todos están tratando de crecer personalmente, de acuerdo con sus propios estándares internos de excelencia. Ninguno está experimentando problemas con alcohol, drogas, baja autoestima, hostilidad, depresión o falta de motivación, dirección en cuanto a la carrera, posición financiera o expectativas realistas.

En mis seminarios profesionales y en nuestras conversaciones dentro del hogar, yo trato de simplificar el proceso de la honestidad personal porque es fundamental en sí. Como modelo para probarnos a diario, podemos usar lo que yo llamo "el triángulo de la integridad". Consiste en tres preguntas básicas que debemos tener en cuenta para cada decisión:

a. ¿Es verdad?

b. ¿Es esto lo que creo que debo hacer?

c. ¿Lo que digo es consistente con lo que hago?

Estas tres preguntas conforman los puntos del triángulo porque ellas encierran consistentemente lo que usted piensa, hace y dice de lo que usted cree en verdad. La pregunta base, que mantiene en pie al triángulo es: ¿Cuál va a ser el efecto de esta decisión en los demás involucrados? Esta pregunta comprende conocimiento y comprensión, al igual que integridad.

No es suficiente creer, actuar y decir la verdad, aunque tener la capacidad de hacer esto armónicamente, es triunfar en la vida. Para ser seres humanos efectivos, también debemos considerar el impacto de nuestras decisiones en quienes son parte de nuestra vida. La habilidad de prever los posibles efectos de nuestras determinaciones en los demás, así como en nuestra propia vida, es lo que yo llamo ser sabio. Cuando tenemos en cuenta honestamente el bienestar de los demás, antes de preferir nuestro propio beneficio, nos hacemos verdaderamente ricos en el sentido más profundo.

2. EL CONOCIMIENTO HACE LA DIFERENCIA

De acuerdo con el instituto de investigación cerebral de UCLA, el potencial del cerebro humano para crear, almacenar y aprender, es virtualmente ilimitado. El destacado erudito soviético Ivan Yefremov, le ha dicho a la gente rusa: "A lo largo de nuestra vida usamos sólo una fracción de nuestra capacidad para pensar. Sin embargo, sin ninguna dificultad tenemos la capacidad para aprender cuarenta idiomas, memorizar una enciclopedia de la A a la Z, y completar los créditos de docenas de universidades".

Si esto es cierto, (y lo es), ¿por qué la gente no aprende y alcanza más metas en el trascurso de su vida? Una razón obvia aunque dolorosa es que ellos no creen que valga la pena todo ese tiempo y esfuerzo. Por eso es que la baja autoestima es un devastador inhibidor del crecimiento. Sin embargo, creo que la mayor razón por la que las personas no aprenden ni alcanzan más metas es porque les da pereza hacer el esfuerzo. La gente tiene aversión a hacer más de lo que es absolutamente necesario para sostenerse a ras.

La única forma en que podemos obtener conocimiento es estudiando. Para la mayoría de la gente el estudio es como pagar impuestos o ir al dentista. Es algo que no les gusta hacer y que muy pocos harán si no es absolutamente obligatorio. Muchos creen que el día de la graduación es el fin del estudio. Los Estados Unidos tienen las herramientas más abundantes para una educación gratuita en el mundo. Nuestras bibliotecas y extensiones universitarias están atiborradas con suficientes datos en cualquier área para hacer que cualquiera que esté dispuesto a gastar el equivalente a media hora cada noche, consiga ser más sabio y exitoso. Esta es una razón por la cual los japoneses nos están sobrepasando como el país líder en el mundo, tanto en el área científica como económica. Para ellos es prioritaria la educación continuada. Ellos producen 95% de los televisores que nosotros usamos para llenar nuestras horas de apatía y aburrimiento.

Peter Drucker, el afamado experto en gerencia, nos aconseja en su libro *La era de la discontinuidad* (*Age of Discontinuity*) que "actualmente el conocimiento tiene poder. Controla el acceso a la oportunidad y el avance. Los científicos y eruditos no solamente están actualmente en la cumbre, sino que ellos determinan ampliamente qué pólizas son consideradas seriamente en áreas tan cruciales como la defensa y la economía. Ellos están encargados considerablemente de la formación de la juventud. Y su conocimiento ya no es pobre. Por el contrario, ellos son los verdaderos capitalistas en la sociedad del conocimiento."[7]

Así como el computador ha remplazado a la máquina de escribir, la calculadora, y los sistemas de relleno en la revolución de la información, más y más poder será otorgado a esos individuos que

7. Drucker, Peter, *La era de la discontinuidad* (*Age of Discontinuity*) (London: William Heinemann), 1969, pp.372, 373.

poseen conocimiento y habilidad mental. Así como la revolución industrial busca alinear gerentes con experiencia en manufactura y materiales, así la revolución de información está buscando "empresarios intelectuales" con educación técnica y financiera.

Cuando estuve afiliado con el instituto de estudios biológicos de Salk –Salk Institute of Biological Studies— en La Jolla, disfruté asistiendo a conferencias dictadas por el reconocido Dr. Jacob Bronoewski, el brillante matemático y filósofo que escribió *El ascenso del hombre* (*The Ascent of Man*). Todavía tengo mis notas de una de sus charlas en la cual él destaca que: "El conocimiento no es un cuaderno de hojas sueltas llenas de hechos. Es una responsabilidad con nuestra integridad y no podemos mantenerla si permitimos que otros gobiernen nuestra vida, mientras nosotros continuamos viviendo entre la mezcolanza de creencias desgastadas".[8]

3. SER HONESTO CON UNO MISMO

Nuestra vida está compuesta por muchos pensamientos, acciones y emociones. Los pensamientos y experiencias forman continuamente un banco de memorias que tratamos de organizar y utilizar efectivamente. Nos diferenciamos unos a otros principalmente en la profundidad y claridad de la organización de nuestro conocimiento.

Sócrates, uno de los individuos más sabios que haya vivido, creía que "el conocimiento es lo mejor de uno mismo y la ignorancia su perdición". También creía que cada uno de nosotros deberíamos cultivar un carácter fuerte y muchas virtudes personales.

Willian Skakespeare interpretaba nuestras diferencias y responsabilidades para reconocer esas diferencias cuando, en "Hamlet", él hizo que Apolonio dijera: "Por encima de todo: la honestidad con uno mismo, debe seguirnos como la noche al día, no se puede ser falso a ningún hombre". Shakespeare no quiso decir: "Si se siente bien al hacerlo, hágalo". Él realmente quiso decir que "cuando estés en Roma, ¡no tienes que hacer lo que hacen los romanos!" "Debemos vivir de acuerdo a la profundidad de nuestras convicciones espirituales, nuestra integridad, y nuestra consciencia social. Esto es ser

8. Bronowski, Jacob, *El ascenso del hombre* (*The Ascent of Man*) (London: BBC), 1973, p.436.

sinceros con nosotros mismos y al mismo tiempo respetar los derechos de los demás".

Todos anhelamos encontrar nuestro destino y pasar la vida en el camino correcto. Sin embargo, la mayoría nos encontramos en el mismo dilema que en el momento en que llegamos a la adolescencia y en la mayor parte de la vida adulta. ¿Cómo queremos verdaderamente vivir la vida? ¿Cómo sabemos que hemos seleccionado la carrera adecuada y las metas adecuadas?

Estas son preguntas bastante fuertes y no deberían tomarse a la ligera. No deberíamos dejar que el primer trabajo que encontramos cuando salimos de la escuela secundaria o de la universidad determine nuestra profesión para el resto de la vida. No deberíamos dejar que nuestros padres, profesores o amigos decidan qué camino profesional vamos a seguir. No deberíamos permitir que solamente el factor económico influya en las decisiones que hacemos a largo plazo. Antes de ser honestos con nosotros mismos, hay un primer momento. Antes de planear metas significativas y desarrollar un propósito en la vida, hay un punto de inicio. Es como la gallina y el huevo. Mucha gente comienza con la gallina, que representa al trabajo. El éxito puede ser mayor si comenzamos con el huevo, que representa al conocimiento. Mucha gente está mejor preparada y motivada con sus pasatiempos que con su vida laboral.

4. SI PUDIERA VIVIR MI VIDA OTRA VEZ

En mis seminarios sobre planificación de metas, incluyo una sesión llamada "Si pudiera vivir mi vida otra vez". Está diseñada para permitirnos analizar por qué y cómo deberíamos pensar en alcanzar nuestros sueños y metas. A medida que la gente escribe sus enunciados sobre "Si pudiera vivir mi vida otra vez", descubren posibilidades que no han explorado todavía. Cada vez que esta sesión termina, me sorprende el número de personas que a medida que se sinceran, descubren que terminaron en un trabajo que realmente no querían.

La primera vez que leí *Su don natural* (*Your Natural Gifts*) por Margaret E. Broadley,[9] yo sabía que estaba frente a algo significativo

9. Broadley, Margaret E., *Su don natural* (*Your Natural Gifts*) (McLean, Virginia: EPM Publications, Inc., 1972), pp. 3-9.

tanto en el campo personal como profesional. Mi único lamento era no haberla conocido cuando yo tenía quince años. Conocí a Margaret Broadley y a su editora Evelyn Metzger en Washington D.C. en el otoño de 1982, durante una recepción en la casa del vicepresidente de los Estados Unidos.

Los escritos de Margaret Broadley se concentran en las maravillosas investigaciones conducidas por el laboratorio Human Engineering Laboratory of the Johnson O'Connor Research Foundation. Durante casi un siglo, el laboratorio O'Connor ha estado dedicado al descubrimiento de los talentos innatos y aprendiendo cómo estos "dones" son usualmente expresados o desperdiciados en el campo laboral actual. Cuando yo terminé de leer "El don natural", supe que había encontrado una conexión que faltaba en mis seminarios de desarrollo personal y profesional. He estado viajando alrededor del mundo por diez años diciéndole a la gente que el éxito es cuestión de "actitud". He estado jugando sin tener todas las cartas. He hecho muy poco énfasis en la necesidad que tiene cada persona de entender sus habilidades innatas. Tanto Jonas Salk como Hans Selye me han hecho una observación amistosa, resaltando que los llamados motivadores predicamos mucho acerca de las "actitudes", sin sopesar apropiadamente la importancia de las "aptitudes".

Johnson O'Connor estaba convencido que muchas de las frustraciones, depresiones e inquietudes de la sociedad están relacionadas con las aptitudes que no se usan para expresarse apropiadamente. Yo creo que O'Connor y sus ingenieros en Humanidades están en lo correcto. Mi investigación, mi experiencia propia y mis observaciones con mis seis hijos corroboran la necesidad de darnos cuenta en qué "somos buenos", en lugar de tratar de modelar nuestra vida con ejemplos de individuos que tienen talentos completamente distintos a los nuestros.

En mi caso personal, siempre he sentido afinidad hacia la expresión oral, los idiomas extranjeros, la poesía, la filosofía y las relaciones humanas. He expresado muy poquita habilidad o interés en la ingeniería, la visualización estructural, la mecánica y las ciencias físicas. Me gradué en la posición más alta de mi clase en La Jolla High School cerca de San Diego, con oportunidades de beca en Stanford y otras universidades importantes. Sin embargo, la Guerra de Corea había apenas comenzado y tanto mis compañeros como yo tuvimos interés en servirle a nuestro país. En lugar de enlistarme en algunos de los servicios, comencé a pensar en una beca militar para poder continuar con mi educación, al mismo tiempo que me comprometía con la escuela de entrenamiento oficial y con un camino de servicio activo posteriormente.

Mi papá y yo solíamos disfrutar de los partidos de futbol trasmitidos por la radio. El año antes de graduarme de la escuela secundaria comenzamos a mirar los partidos en nuestro nuevo y milagroso televisor Hoffman. El juego favorito era la fuerza armada contra la fuerza naval, con Arnold Tucker pasándole la bola a "Mr Inside" y a Mr. Outside" –Felix "Doc" Blanchard y Glenn Davis. A medida que veíamos un partido particularmente emocionante, mi papá me contó que el sueño de todos sus sueños era que yo me graduara de West Point o Annapolis. Escucharle decir eso a mi padre me hizo tomar una decisión temprana. Me volví obsesionado por hacer su sueño realidad.

Me gradué de la Academia Naval de los Estados Unidos en Annapolis hacia el final de los años de 1950. Académicamente, fue difícil para mí sostenerme durante esos cuatro años. Aunque fui un estudiante de calificaciones excelentes en la escuela secundaria, me sentí como un pez fuera del agua en la academia, la cual estaba orientada primeramente hacia estudios de mecánica e ingeniería marina. Me mantuve en el primer puesto en mi clase de inglés, idiomas extranjeros, y en oratoria después de una cena. Escribía y dirigía comedias musicales que recibían suficientes elogios como para garantizar su inclusión en el "Show de Ed Sullivan". Sin embargo, esa era una actividad extracurricular, sin lugar en la carrera naval. Lo que es significativo es que me gradué en el último puesto de mi clase de ingeniería mecánica, eléctrica, cálculo avanzado, las materias más importantes en la preparación para mi nueva carrera como piloto de ataque de la fuerza armada. Para complacer a mi padre, sin darme cuenta me metí por un carril que me alejó rápidamente de mis talentos naturales.

Reflexionando sobre los pasados cuarenta años de mi vida, estoy eternamente agradecido con mis padres por sus sacrificios y por el ánimo que me brindaron en la adquisición de mi educación y sabiduría. Mi carrera de nueve años como aviador naval fue estimulante y reconfortante, Me enseñó mucho acerca de autodisciplina, planeación de metas y trabajo de grupo, de lo que hubiera podido aprender en cualquier otra carrera. Lo que quiero decir realmente es que me ha tomado un cuarto de siglo reacomodar mi vida para expresar esos talentos verdaderos que tengo para ejercer la profesión que disfruto al máximo. Hoy, trabajar para mí es un juego, difícilmente puedo esperar a despertar por la mañana para aprender más acerca de la forma en que pensamos y nos comportamos. He convertido en una meta prioritaria ayudar a mis hijos y a todos los niños, a que descubran sus dones naturales para que puedan mezclar estos talentos con habilidades adquiridas y conocimiento y alcancen máxima satisfacción en su vida.

He estado relacionando a todos mis hijos y nietos con una variedad de actividades educacionales y culturales para estimular su interés en identificar sus carreras y vocaciones. Uno a uno, los he animado a explorar sus dones naturales a través de pruebas elaboradas por la fundación Johnson O'Connor Research Foundation Laboratory en Nueva York y por la fundación The Ball Foundation's Battery of Tests en Chicago, las cuales están disponibles al público en general. He encontrado las pruebas tan fascinantes y reveladoras, que decidí tomarlas yo también.

Las pruebas miden diecinueve aptitudes separadamente:

1. Personalidad: ya sea objetiva y se utilice para trabajar con los demás, o subjetiva, y se enfoque más en el trabajo personal.
2. Prueba de actitud: identifica la habilidad de oficina para trabajar con figuras y símbolos.
3. Ideaphoria: imaginación creativa en la expresión de ideas.
4. Visualización estructural: la habilidad para visualizar cuerpos sólidos y pensar en tercera dimensión.
5. Razonamiento inductivo: la habilidad de sacar una conclusión formal de hechos fragmentados.

6. Razonamiento analítico: la habilidad de resolver una idea con base en sus componentes.
7. Destreza dactilar: la habilidad para manipular con los dedos hábilmente.
8. Destreza con pinzas: la habilidad para manejar instrumentos pequeños con precisión.
9. Observación: la habilidad de percibir detalladamente.
10. Memoria para diseños: la habilidad para recordar diseños fácilmente.
11. Memoria acústica: la habilidad para recordar sonidos y mostrar oído musical.
12. Distinción de tonos: la habilidad para diferenciar entre los tonos musicales.
13. Habilidad rítmica: la habilidad para identificar un tiempo rítmico específico.
14. Diferenciación del timbre: la habilidad de distinguir sonidos entre sí, del mismo tono y volumen.
15. Memoria numérica: la habilidad de almacenar muchas cosas en su mente al mismo tiempo.
16. Apreciación proporcionada: la habilidad para distinguir proporciones relativas y armoniosas.
17. Silogramas: la prueba para conocer la habilidad para aprender idiomas y palabras poco frecuentes.
18. Previsión: la habilidad para mirar más allá prudentemente.
19. Percepción de colores: la habilidad de distinguir los colores.

No permita que la terminología lo aleje del valor práctico de estas pruebas en su vida diaria. Esta clase de autoanálisis debe existir en todos los caminos de la vida, de estudiantes a trabajadores de restaurantes de comida rápida, de comediantes a presidentes de grandes corporaciones. Hasta un presidente de los Estados Unidos se ha hecho sus pruebas para conocer sus talentos naturales.

Descubrí que yo, de hecho, estoy fuertemente orientado hacia lo que tenga que ver con habilidades como la ideaphoria, razonamiento crítico, observación, silogramas y habilidades verbales. También descubrí que tengo un inusual talento natural relacionado con la música. Uno de mis hijos descubrió estos mismos talentos en él, como también mi esposa. Ninguno de nosotros ha tenido alguna clase de vocación musical ni un pasatiempo de este estilo, aunque admitimos que tenemos un deseo reprimido de interpretar algún instrumento. Componer letra de canciones y canciones es algo natural en mí, pero por alguna razón nunca saco el tiempo o hago el esfuerzo de desarrollar mis habilidades en ese campo.

Una razón por la cual es importante identificar las habilidades naturales es porque la falta de un talento importante puede frustrar una carrera entera. Un joven adulto no pudo seguir los pasos de su famoso padre cirujano porque dudaba demasiado durante procedimientos quirúrgicos simples. Lo que su padre rotulaba falsamente como cobardía, ¡en realidad era falta de la destreza con las pinzas! La visualización estructural también es un prerrequisito para los individuos que desean convertirse en cirujanos.

Antes que los padres alberguen la ilusión de que sus hijos sigan su huellas como cirujanos, deberían asesorarse para saber si sus hijos tienen la aptitud de la visualización estructural, cuando todavía están en la escuela secundaria. Esta no se hereda de padres a hijos, sino que se hereda a los hijos solamente a través de la madre. Las hijas pueden heredar esta habilidad tanto a través de la madre como del padre. Es mejor si los cirujanos consideran más la posibilidad de que sus hijas continúen con la tradición de la familia.

Aunque las habilidades naturales son importantes, sería peligroso e irresponsable sugerir que deberíamos basar la orientación de nuestra carrera en nada más que una serie de pruebas de aptitud. La carrera es una mezcla de habilidades innatas, influencia del medio ambiente, adquisición de habilidades, y experiencia. Muchas veces la carrera se relaciona fuertemente con los requerimientos económicos al momento de terminar la escuela, así como en consideraciones familiares. Si vamos a desarrollar nuestra vida por el camino de la sabiduría, sin embargo, deberíamos pensar seriamente en descubrir las habilidades que heredamos lo antes posible.

Aún si decidimos desarrollar los dones naturales como un pasatiempo, diversión y actividad extracurricular, estaremos más realizados y satisfechos si somos capaces de expresar nuestro talento creativa y constantemente. Muchas frustraciones yacen en lo profundo de nuestro ser. No podemos ni siquiera explicarlas a quienes amamos. Sólo podemos reconocer humildemente: "No sé por qué siento que estoy perdiendo mi vida, pero lo siento".

5. EL CUARTO SECRETO MEJOR GUARDADO PARA OBTENER EL ÉXITO TOTAL

Un hecho poderoso en este capítulo me llegó como resultado de mi estudio acerca de las pruebas de aptitud y su valor real para determinar el éxito que la gente experimenta en su vida diaria. Los estudios que se han hecho por más de cincuenta años sobre ingeniería humana indican que una de las "aptitudes" más importantes para obtener el éxito, todavía es un misterio para el 95% de la población mundial.

El cuarto secreto mejor guardado para obtener el éxito total es que un enorme vocabulario –el cual implica amplio conocimiento general— caracteriza a las personas exitosas, independientemente de su ocupación.

El conocimiento es la frontera del mañana. El cerebro se está convirtiendo más y más en la fuerza más poderosa. La lucha por la sobrevivencia física puede no ser tan crucial actualmente, ni en el futuro, como la habilidad de sobrevivir y coexistir intelectualmente en medio de la "lluvia radiactiva" de nuestro progreso tecnológico. Uno de los mayores problemas que tenemos en tratar de trabajar entre sí con soluciones benéficas a los problemas, reside en la habilidad o inhabilidad para expresar nuestros pensamientos en palabras. La frustración frente a esta inhabilidad resulta frecuentemente en violencia física. A medida que ha ido aumentando anualmente, el nivel de vocabulario de la nación ha ido decreciendo aproximadamente un 1% anual durante el mismo período.

Independientemente de la educación, la mayoría de la gente usa solamente cuatrocientas palabras en más del 80% de su conversación diaria. Aunque hay más de 450.000 palabras en un diccionario integro de la lengua inglesa, usamos las mismas palabras una y otra vez. Si fuéramos a aprender solamente diez palabras cada día del año, nos convertiríamos en los individuos más conocedores y mejor hablados del mundo.

Le complacerá saber que leer es la mejor forma de adquirir conocimiento y muy buen vocabulario. Sólo el 5% de la gente que vive en los Estados Unidos comprará o leerá un libro este año. A medida que aprenda seguirá adquiriendo mayor conocimiento sobre sus talentos naturales y las habilidades que puede desarrollar para tomar ventaja de ellas. A medida que lee, usted tendrá la capacidad de sus ideas más claramente. Usted buscará e identificará los mejores modelos que le ayuden a acelerar su éxito. Entre mayor educación reciba, más feliz se sentirá.

Como sintetizó Thomas Wolfe en *La web y el rock* (*The Web and the Rock*): "Si tenemos un talento y no podemos usarlo, hemos fracasado. Si tenemos talento y usamos solamente la mitad de él, hemos fracasado parcialmente. Si tenemos un talento y de alguna manera aprendemos a usarlo totalmente, hemos triunfado gloriosamente, y logramos la satisfacción y el triunfo que sólo pocos conocen".

Usted y yo sabemos que la sabiduría depende no tanto del número de palabras que sabemos, sino de cómo las usamos para expresarnos con los demás. Además, depende del uso honesto de nuestros talentos y de la determinación que tengamos para usarlos al máximo. Esta sabiduría también la aplicamos a nuestros hijos y demás personas cercanas, asegurándonos de usarla diariamente. Nunca pare de buscarla.

6. 10 PASOS DE ACCIÓN HACIA LA SABIDURÍA

6.1. Siga con su educación sin tener en cuenta su edad. Los estudios indican que los adultos mayores aprovechan el 10% más sus clases de universidad que sus compañeros más jóvenes.

6.2. Cuando lea, mantenga siempre un diccionario a su lado para buscar nuevas palabras que no comprenda totalmente. Buscando su significado, se convierten fácilmente en parte de su vocabulario para siempre.

6. 3. Adquiera un buen número de vocabulario. Solamente 3.500 palabras separan al promedio de persona de quienes tiene el mejor vocabulario. Léale a sus hijos desde muy temprana edad (inclusive antes de su primer cumpleaños). Ellos asimilarán más de lo que usted pudiera imaginarse. Anime a sus hijos a leer más que a ver televisión.

6.4. Analice la posibilidad de tomar un test de aptitud acreditada. Para averiguar dónde puede tomarlo puede consultar en su biblioteca o universidad más cercana.

6.5. Antes de tomar una decisión pregúntese: "¿Es este el procedimiento honesto? ¿Cómo afectará a las personas implicadas?" No se equivocará con esta prueba.

6.6. Observe las aptitudes de sus hijos durante los dos últimos años de la secundaria. En undécimo grado ellos tendrán que decidir por qué tipo de Universidad o trabajo optarán. Al obsevar y ayudarles a descubrir sus talentos naturales, usted les está dando una "caña de pescar" que ellos podrán utilizar por el resto de su vida. No transfiera sus metas profesionales a sus hijos, a menos que ellos realmente quieran seguirlas.

6.7. Piense, diga y haga todo lo que usted cree es correcto, consistentemente, en cada una de sus transacciones.

6.8 Obtenga un carné de la biblioteca para usted y para cada miembro de su familia. Los libros son la fuente de la sabiduría. Ellos pueden llevarnos hacia donde no vamos en persona.

6.9. No descarte los cursos por correspondencia en línea, los seminarios de educación continua, ni las clases nocturnas o los fines de semana. También hay cursos de estudio de video en casa que son sobresalientes. Yo conozco una mujer que tuvo un grado en negocios vía televisión, mientras hacía el mantenimiento de su hogar y cuidaba a sus pequeños hijos.

6.10. Moldee su vida basado en el ejemplo de gente que usted respete y admire. Y sobre todo, sea un ejemplo de integridad para sus hijos y subordinados. Viva su vida como la de uno de los artesanos sin cera –asegurándose que su modelo sea realidad, esculpido sin cera.

7. PREGUNTAS ACERCA DE SU SABIDURÍA

7.1. ¿Es usted honesto consigo mismo y con los demás? ¿Cómo contestarían esta pregunta dos personas que lo conozcan bien?

7.2. ¿Las personas confían en usted completamente? Piense en alguna ocasión reciente en que usted haya demostrado que es confiable.

7.3. ¿Va en la dirección que desea, haciendo lo que quiere y convirtiéndose en quien quiere?

7.4. Si pudiera vivir su vida nuevamente, ¿quién le gustaría ser? Descríbalo.

7.5. ¿Está haciendo el mejor uso de sus verdaderos talentos en su profesión? ¿Cómo podría expresar esos talentos?

7.6. ¿Qué está haciendo para expandir su vocabulario y su conocimiento? ¿Qué de lo siguiente hará la semana próxima?

- ¿Obtener un carné de alguna biblioteca?
- ¿Comprar o pedir prestado un libro y comenzar a leer en un área de su interés?
- ¿Comenzar un programa de construcción de nuevo vocabulario?

7 PREGUNTAS ACERCA DE SU ESTRUCTURA

5
LA SEMILLA DEL PROPÓSITO
LA MINA DE ORO EN SUS METAS

1. El quinto secreto mejor guardado para obtener el éxito total.
2. Eric nos mostró cómo.
3. La fuerza interna.
4. El guardián de su mente.
5. Hola Kheemo – ¡Aléjate!
6. La rueda de la fortuna.
7. Cómo minar su "mente de metas".
8. El maravilloso poder de la sugestión.
9. 10 pasos de acción hacia sus propósitos.
10. Preguntas acerca de sus propósitos.

¿Recuerda en *Alicia en el país de las maravillas* cuando Alicia llega a la encrucijada en el camino que la lleva en distintas direcciones y ella le pide consejo al gato de Cheshire?

Gato de Cheshire... ¿me dirías por favor, en qué dirección tengo que seguir?
Eso depende en gran parte del sitio al cual quieres llegar, dice el gato.
No me importa mucho a dónde... responde Alicia.
Entonces no importa en qué vía vayas, le contesta el gato.

El sonriente felino dijo una gran verdad, ¿no es cierto? Si no sabemos a dónde queremos ir, entonces cualquier camino nos lleva –y realmente no importa lo que hagamos en la vida.

De acuerdo con el departamento de trabajo de los Estados Unidos, sólo tres de cada cien americanos llega a los sesenta y cinco años con algún grado de seguridad financiera. Noventa y siete de cien americanos que tienen esta edad o más, deben depender de su cheque mensual del Seguro Social para sobrevivir. ¿Es esto porque el sueño de los americanos se ha acabado? ¿Es debido a la inflación? ¿Es porque el cartel de la OPEC controla el suplemento de nuestra energía y causa recesión en los negocios del mundo occidental? Todas las condiciones del mundo económico tienen un efecto en nuestra vida personal. Es más difícil sobrevivir y prosperar durante tiempos rigurosos de recesión y en ciclos de recuperación estimulados artificialmente, en los cuales el valor del dinero está minado. Existen, sin embargo, consideraciones internas que yo creo que son igualmente relevantes que las circunstancias externas.

¿Le sorprendería saber que solamente cinco de cada cien americanos que trabajan en las profesiones con mayores ingresos, tales como el Derecho y la Medicina, llegan a los sesenta y cinco años sin tener que depender del Seguro Social? Me sorprendí al saber que sólo pocos individuos alcanzan un grado de éxito financiero, independientemente de su nivel de ingresos durante la mayoría de sus años productivos.

Muchas personas viven su vida bajo el engaño de pensar que son inmortales. Gastan su dinero, su tiempo, y su mente con actividades que "liberan tensión", en lugar de "alcanzar metas". Mucha gente trabaja durante la semana para llegar con dinero para gastar durante el fin de semana.

1. EL QUINTO SECRETO MEJOR GUARDADO PARA OBTENER EL ÉXITO TOTAL

Muchos esperan que las alas del destino los lleven a un puerto de riquezas y misterio. Desean poderse retirar "algún día" en el futuro distante y vivir en la isla de la fantasía "en algún lugar". Yo les pregunto cómo van a lograrlo. Ellos contestan que "de alguna manera".

El quinto secreto mejor guardado para obtener el éxito total es, que la razón por la cual tantos individuos fracasan para conseguir sus metas en la vida, es que ellos nunca las pusieron como prioridades.

En los seminarios sobre el alcance de metas que he estado haciendo a lo largo de los Estados Unidos e internacionalmente, es obvio que la mayoría de la gente invierte más tiempo planeando una fiesta de cumpleaños o unas vacaciones, de lo que planean su vida. Fallando al no planear, realmente están planeando fracasar por omisión.

Hace muchos años atrás, en uno de mis seminarios dividí a doscientos participantes en grupos de seis. Ellos se sentaron en mesas circulares y escribieron y discutieron sus respuestas personales a cada parte en una serie de cinco preguntas, que fueron las siguientes:

1. ¿Cuáles son sus habilidades y debilidades más grandes tanto a nivel personal como profesional?
2. ¿Cuáles son sus mayores metas personales y profesionales en el balance de este año?
3. ¿Cuál es su mayor meta personal y profesional para el próximo año?
4. ¿Cuál será su nivel profesional y su ingreso anual en cinco años?
5. Dentro de veinte años:

- ¿En dónde estará viviendo?
- ¿Qué estará haciendo?
- ¿Qué habrá cumplido que pueda escribirse o decirse acerca de usted, por parte de familiares o amigos?
- ¿De qué clase de salud disfrutará?
- ¿Cuáles serán sus pertenencias económicas?

Después que pasaron los quejidos y gruñidos, los organizadores de los grupos empezaron a trabajar discutiendo los temas más importantes que pudieron compartir. Tan difícil e irracionales como parecían las preguntas, usted debe recordar que estas doscientas personas pagaron cincuenta dólares cada una para asistir a un taller sobre cumplimiento de metas. Ellas parecían estupefactas porque alguien estuviera realmente retándolas a pensar sobre su propia vida en términos específicos. Fue divertido sentarse a escuchar las historias sobre cómo la gente salió del gueto para ir a la grandeza. Pero no fue divertido pensar en hacerlo usted mismo. Parecía como haber regresado a la escuela.

2. ERIC NOS MOSTRÓ CÓMO

A medida que los grupos de seis comenzaron a reunirse, observé a un niño. Eric tenía pelo rojo y parecía como de diez años. Pensé que había sido una buena idea de su padre haberlo traído para mostrarle cómo opera el mundo de los adultos. Él había escuchado atentamente cuando alguien hablaba y ahora había venido para preguntarme qué estaba haciendo la gente en mesas circulares. Yo le expliqué que les había dado una serie de cinco preguntas relacionadas con sus metas en la vida para que las discutieran en grupos pequeños y posteriormente las discutiríamos con toda la audiencia asistente al seminario.

Él mencionó que muchos parecían como si estuvieran hablando de otras cosas y que otros estaban contando chistes y riendo. Yo le dije que no podíamos esperar que todos tomaran este ejercicio de seguimiento de metas seriamente, porque mucha gente pensaba que elegir metas es como decidir si ver televisión o ir a ver una película. Él me preguntó por qué yo no estaba trabajando en mis metas en una de las mesas. Yo le dije que las mías estaban bastante bien definidas y que podía ser divertido para él copiar las preguntas de mis notas y contestarlas para su propia vida. Él tomo una de mis libretas amarillas y un esfero, y comenzó a escribir con mucha seriedad. Cuando el período de los cuarenta y cinco minutos terminó, llamé a los grupos pequeños para la sesión final.

La pregunta número uno fue contestada con relativa facilidad. Tal como me lo imaginé, habilidades como "bueno con la gente", "sensible a las necesidades de los demás", "dedicado" y "honesto", fueron las más citadas. Las debilidades como "necesidad de organizar el tiempo y la prioridades en mejor forma" y "deseo de invertir más tiempo en proyectos de mejoramiento personal y tiempo de calidad con la familia", también fueron bastante mencionadas. Estas fueron las respuestas promedio de cada grupo.

Sin embargo, el 90% de todo el grupo parecía encontrar las respuestas dos a cinco difíciles –si no imposibles— de relacionar. Las metas para hacer el balance del año (pregunta dos) fueron "hacer mejores cosas que el año pasado", "hacer más, conseguir más, ahorrar más y lograr más" y "ser una mejor persona". La misma clase de respuestas generalizadas y vagas fueron dadas con respecto a la pregunta número tres concerniente a las metas para el próximo año.

Los verdaderos problemas surgieron con las preguntas cuatro y cinco. Cuando se preguntaba cuáles eran los ingresos. "Eso depende de mi jefe y la empresa". Muchos admitieron, sin embargo, que esperaban estar en el nivel más alto de empleo ganando más dinero dentro de cinco años a partir del momento.

La respuesta a la pregunta cinco fue la más perturbadora. En veinte años ¿dónde y qué estará haciendo, qué metas habrá alcanzado y cuáles serán sus bienes? Ellos agonizaban, se reían tontamente y gritaban. Un hombre de mediana edad se ofreció voluntariamente a decir que probablemente estaría muerto para ese entonces. La audiencia rió. La risa libera tensión. La mayoría del grupo nunca había pensado en esa pregunta antes y salieron con respuestas tontas sin sentido. Ellos dijeron que serían millonarios con yates anclados en una isla griega, o que habrían escrito novelas famosas o que tendrían su propio programa de televisión. En casi todos los grupos la respuesta era la misma. Nadie quería predecir o revelar su futuro. Ellos eran iguales a los otros grupos en los que he enseñado, con una excepción –el niño llamado Eric.

Cuando Eric se ofreció como voluntario para subir a la plataforma y leer sus respuestas a la serie de las cinco preguntas sobre el establecimiento de metas, la audiencia estaba fascinada. Ellos esperaban tener más risas y juegos. Yo no estaba seguro sobre qué esperar, pero me imaginé que él no podía tener más falta de carácter que los adultos.

"¿Cuáles son tus talentos más destacados y qué te gustaría mejorar, Eric?

Él no lo dudó. "Construir modelos de aeroplanos y obtener altos puntajes en los video juegos, son las cosas que hago mejor. Y limpiar mi cuarto es lo que debería hacer mejor".

Fui rápidamente a sus metas personales y profesionales para el resto del año. Él dijo que su meta personal era terminar un modelo del trasbordador espacial Columbia y que su meta profesional era ganarse alrededor de $450 dólares arreglando jardines y posteriormente apaleando nieve. La audiencia murmuró en señal de aprobación. "Ahora vamos logrando algo", pensé para mis adentros.

Le pregunté cuáles eran sus metas personales y profesionales para el año entrante. Él contestó que su meta personal era hacer un viaje a Hawái y que su meta profesional era ganarse $700 dólares para poder pagarse el viaje. Le pregunté más detalles acerca del viaje. Él contestó que sería durante las vacaciones de verano, a Honolulu y Maui, en Western o United –el que tuviera el mejor paquete. Le pregunté cuál sería la parte más difícil en alcanzar la meta de ese viaje y él dijo que sería lograr que su compañero y su papá ahorraran para sus tiquetes, para que pudieran llevarlo.

Continuamos con las metas de Eric a cinco años. Cuando le pregunté sobre su nivel profesional e ingresos en cinco años, él tampoco dudó en decir: "Tendré quince años y estaré en décimo grado de la escuela secundaria", dejándolo claramente en el micrófono. "Planeo tomar cursos en computación, si hay algunos, al igual que clases de Ciencias. Deberé estar ganando $200 dólares semanales por lo menos, en un trabajo de medio tiempo, dijo confiadamente. La audiencia ya no se reía. Hasta el papá de Eric parecía genuinamente interesado en lo que el niño de diez años tenía en mente para su juego de la isla de la fantasía.

Eric tuvo que pensar un momento mientras consideraba mi pregunta acerca de sus planes para dentro de veinte años a partir del momento. Luego comenzó: "Tendré treinta años, ¿verdad?" Yo asentí y él continuó. "Voy a estar viviendo en Houston o en Cabo Cañaveral, Florida. Seré un astronauta trabajando para NASA o una compañía grande. Habré instalado algunos satélites de televisión nuevos en órbita y estaré enviando partes para una nueva estación de lanzamiento en el espacio. Y estaré en un estado físico muy bueno. Uno tiene que estar en buen estado físico para ser un astronauta", concluyó orgullosamente.

Fue fantástico escuchar a Eric hablar tan específicamente, mientras que los adultos hablaban en los círculos. El impacto de lo que él había dicho fue profundizando lentamente en los participantes del seminario. Ellos habían pagado cincuenta dólares para venir a mejorar sus habilidades para perfilar sus metas. Un niño invitado de diez años, había subido y demostrado cómo debería hacerse. La diferencia crítica en Eric era que él no había comenzado a creer que no podía alcanzar sus metas. No había caído suficiente lluvia como para arruinar su procesión. No había visto suficientes noticias nocturnas, ni leído los periódicos todavía. No había soportado suficientes derrotas personales. No estaba malacostumbrado, ni era cínico. Su "falta" de experiencia era su mayor fortaleza.

Las respuestas cuidadosas de Eric me proveyeron de las mejores conclusiones que haya tenido en un día entero de seminario. Este niño pelirrojo había alcanzado más en diez minutos de lo que yo logré en cinco horas de charla. Él nos enseñó que podemos hablar de nuestros sueños en términos mucho más específicos y concretos, si no nos permitimos el cinismo de interponernos en nuestro camino. Eric, un niño de diez años, nos dio un ejemplo vivo de cómo se deben planear y perseguir las metas.

3. LA FUERZA INTERNA

La percepción de Eric como un niño de diez años, es un testimonio que el ser humano es buscador de metas por diseño. Mi analogía favorita es una que me enseñó un amigo –el doctor Maxwell Maltz, cirujano plástico y autor del bestseller *Psico-Cibernética* (*Psycho-Cibernetics*). Él compara la mente al sistema buscador en un torpedo o un piloto automático. Una vez que usted ha elegido su objetivo, este sistema autoajustable monitorea constantemente las señales de retroalimentación del área seleccionada. Utilizando estas señales para ajustar el rumbo establecido en su propio sistema de guía de navegación, hace las correcciones necesarias para permanecer en la mira del objetivo. Al programar incompleta o no específicamente —o apuntar hacia un objetivo muy lejano o fuera de alcance— el torpedo buscador deambulará erráticamente hasta que su sistema de propulsión fracase o se autodestruya.

El ser humano se comporta en gran parte, de una manera muy parecida. Una vez que usted haya elegido su meta, su mente constantemente monitorea, haciendo una retroalimentación constante sobre el objetivo o la meta. Usando dicha retroalimentación positiva y negativa para ajustar sus decisiones a lo largo del camino, su mente hace ajustes subconscientes para alcanzar la meta. Al programar con pensamientos vagos y al azar, o basados en metas irreales muy lejos y fuera de la vista, el individuo vagará sin rumbo fijo hasta que la frustración lo venza, lo canse o lo destruya.

¿Alguna vez han conocido individuos que no se han preparado adecuadamente, ya sea para alcanzar o manejar sus metas? ¿Han dañado alguna relación o desperdiciado una oportunidad? ¿Se han rendido y terminado frustrados? ¿Alguno se ha autodestruido?

Yo veo esta clase de conducta más y más frecuentemente en nuestra sociedad, a medida que buscamos la gratificación sensual inmediata en un mundo que todavía concede recompensas a largo plazo para aquellos que trabajan para ellas. Cuando la gente aprende que hay muy pocos, si al caso, caminos cortos para obtener el éxito, muchos no soportan el disgusto, Sus padres no les enseñaron cómo vivir con esa clase de frustración.

¿Cuál es la fuerza interna –el mecanismo que dirige— que nos mueve hacia nuestros pensamientos dominantes? Hemos aprendido que la autoimagen subconsciente probablemente yace en el hemisferio derecho del cerebro y no nota la diferencia entre un evento que realmente ocurrió y uno imaginario (segundo capítulo). Parece que la autoimagen de uno recibe un mensaje lo suficientemente frecuente, esa imagen se convertirá en un hábito que aceptamos como parte nuestra.

¿Ha dejado de pensar alguna vez en sus hábitos? ¿Cuántos tiene que realmente no quiere, o que no son buenos para su salud mental y física? Fumar, beber, comer en exceso, llegar tarde, comerse las uñas, sentirse deprimido o cínico –todos estos son hábitos subconscientes que fueron aprendidos. Todos denotan un problema de autoestima y usualmente requieren de una modificación de ésta que produzca un cambio permanente. La otra única posibilidad para un cambio inmediato es que alguien nos diga: "Si no deja de hacer eso, ¡se va a morir!" Aún bajo esa amenaza, mucha gente no puede encontrar la fuerza interior para cambiar.

Pero podemos cambiar, si queremos. En mi trabajo con prisioneros de guerra, astronautas, campeones de futbol, ejecutivos y familias, he visto una obsesión que en un comienzo era como una telaraña endeble de una idea que – través de largas horas de práctica y esfuerzo— se solidificó en algo tan tangible y que vale la pena tanto como una medalla olímpica de oro. Todos tenemos una fuerza interior. Hay una mina de oro en potencia dentro de cada una de nuestras metas.

4. EL GUARDIÁN DE SU MENTE

Usted y yo somos distintos de la mayoría de la gente porque esperamos genuinamente que nuestros sueños se conviertan en realidad. Estamos interesados en mejorar nuestra vida y la de aquellos que nos rodean. No somos fanáticos, ni nos enloquecemos con ideas pasajeras, ni con pócimas ni brebajes, sino que queremos entender cómo pensamos y por qué hacemos las cosas. Queremos aprender bastante acerca de la forma en que funciona nuestra mente para hacerla trabajar para nosotros y no en nuestra contra. Un mecanismo en su cerebro que usted debería entender, se llama "el guardián de la mente".

Radiando de las ramificaciones del cerebro hay una pequeña red de células, de cerca de cuatro pulgadas de longitud llamadas "el sistema reticular activo". Es casi del tamaño y la forma de un cuarto de manzana. Quiero referirme a él como su "manzana" computarizada interna.

Su sistema reticular activado desarrolla la única función de filtrar estímulos sensoriales entrantes (imágenes, sonidos, olores y contacto físico) y determinar cuáles van a causar una impresión en su mente. Este decide de momento en momento, qué información se va a convertir en parte de su mundo.

¿Cuánta gente conoce usted que no escucha razones? ¿Tiene amigos que dicen que quieren su ayuda, pero continúan en el camino equivocado? ¿Ha visto o escuchado sobre individuos que siempre parecen estar buscando problemas? Claro, los ha visto diariamente. Lo que ellos no se dan cuenta es que han sintonizado su sistema reticular activo en contra del éxito, buscando deliberadamente la información negativa y los problemas que dicen que están tratando de evitar. Considerando frecuentemente las posibilidades de fracaso, su cerebro ha sido sintonizado para operar como torpedos buscadores del fracaso.

Deje de leer este libro por un momento. Siéntese tranquilamente y escuche cuidadosamente todos los sonidos alrededor suyo. Es interesante, cómo puede usted concentrarse en leer sin estar alerta a todas las distracciones, ¿no es cierto? El sistema reticular activo filtra los estímulos innecesarios y se enfoca en lo que es importante en ese momento. El sonido del llanto de un niño, una sirena, o el timbre del teléfono, le causarían que usted pusiera menos atención al libro y dirigiera su consciencia al sonido que escucha. Una vez que haya hecho la distinción que cierto pensamiento, valor, idea, sonido, imagen, o sentimiento, es significativo para usted, su sistema reticular activo está alerta. Este trasmite inmediatamente cualquier información que reciba con respecto a este elemento importante a su consciencia.

Para ilustrar claramente cómo funciona su sistema reticular activo, imaginemos que usted compró recientemente una casa cerca a un aeropuerto comercial con mucho tráfico. Su análisis al hacer la compra fue que usted trabaja todo el día durante la semana y está en casa solamente durante la noche, que es cuando el tráfico se reduce significativamente. Además usted supone que con el dinero extra que ha ahorrado comprando una casa menos costosa cerca al aeropuerto, comprará una pequeña cabaña en donde pasará sus fines de semana. Ha decidido tolerar los ruidos y las vibraciones a cambio de ciertas recompensas financieras.

Muy pronto después que usted se pasó a su nuevo hogar, está convencido que estaba equivocado cuando decidió comprarlo. Cada quince minutos las ventanas tiemblan, los muebles se mueven, y el ruido de los motores de los aviones le produce un tremendo dolor de cabeza. Luego de analizar la situación, sin embargo, usted concluye que es importante para su futuro financiero que se sostenga así por lo menos durante dos años. A las dos semanas, una transformación admirable comienza a ocurrir: usted comienza a dormir mejor, el sonido de los aviones comienza a parecer más como el suave murmullo del océano y usted parece no notar que las ventanas y los muebles tiemblan. Su sistema reticular activo ha comenzado a trabajar para bloquear la información innecesaria, ayudándolo a concentrarse en sus prioridades.

Usted decide invitar algunos amigos a su casa para una cena algunas semanas más tarde. Ellos viven en la montaña, lejos del ruido y del tráfico, pero sólo una o dos millas lejos. Cuando usted se sienta a la mesa, un jet de pasajeros hace su aproximación normal directamente encima. Los platos vibran y la lámpara colgante se sacude. Sus invitados están completamente nerviosos. "¿Cómo puedes vivir aquí?" comentan ellos. "¿Oh, quieres decir por ese ruido? Contesta usted honestamente. "Sí" dicen ellos mirándose entre sí. "¿Qué tan frecuentemente tienes que soportarlo?" "Ya casi ni nos damos cuenta", responde usted. "¡Nos molestan más las motocicletas arrancando locamente por el lado de los vagones viejos cerca a tu casa!" Sus amigos responden como usted sabía que lo harían: "¿Motocicletas escandalosas? ¿Cuáles motocicletas? Nosotros no escuchamos ningunas motocicletas por nuestra casa ya. Ellos se fueron para otra parte hace mucho tiempo", dijeron enfáticamente.

La gran función del sistema reticular activo es que usted puede programarlo para estar alerta frente a las señales de éxito. Lo despertará en la mañana sin necesidad de la alarma del reloj despertador. Si sabe que usted está buscando otro día especial, lo sacará de la cama. Si sabe que usted está buscando valores y cualidades en otros individuos, lo alertará frente a ellos. Si está buscando mejores ingresos financieros, estará extremadamente sensible a cualquier dato orientado que pueda ayudarlo.

El sistema reticular activo le explica a la gente propensa a accidentes, como también le explica a quienes son propensos al éxito. Explica por qué ve un problema en toda solución, y por qué otros ven una solución en todo problema. Algunos están destinados a un computador "Apple" en su cerebro que ellos han programado para encontrar lo peor en todo. Tenga cuidado a lo que usted le da importancia en su pensamiento y en sus conversaciones con otros. Su sistema reticular activado está grabando todo y convertirá sus deseos o temores en metas. Concentre su atención en "a dónde quiere llegar" y no "lejos" de donde quiere estar. Usted siempre se moverá en dirección de sus pensamientos dominantes actuales.

5. HOLA KHEEMO – ¡ALÉJATE!

Mis hijos aprendieron pronto y ahora mis nietos están aprendiendo sobre la importancia de tener unas metas. Ellos no comprenden el funcionamiento del sistema reticular activo, pero agarran la idea que uno siempre se mueve hacia su pensamiento dominante. Nunca olvidaré lo que pasó después que mi hija Dayna, quien tenía como once años en ese momento, asistió a uno de mis seminarios sobre la realización de metas. Ella estaba inusualmente callada cuando íbamos de regreso a casa. Tenía algo dándole vueltas en su cabecita.

Varios días después yo noté extrañas ocurrencias alrededor de nuestra casa. Metí mi pie en lo que parecía ser un frisbee puesto hacia arriba en la cocina. "¿Quién puso esto en frente al refrigerador?" pregunté a mis hijos, que estaban comiendo cereal con rebanadas de banano. Dayna contestó brillantemente: "Yo, papá. Ese es el plato de mi perro".

"¿Cómo puede ser ese el plato de tu perro, cuando no tenemos un perro?" la reté sabiendo que ese era algún truco (tenemos una colección de chistes prácticos e ingeniosos que preparamos unos a otros para mantener la familia alerta).

"Es mi perro imaginario, papá. Pero se ha vuelto tan real que tuve que comprarle su plato esta semana, ¡para alimentarlo cuando llegue aquí!" dijo muy animadamente.

"Déjame poner rápidamente un poco de agua fría en este proyecto de un perro", le contesté mientras comía una cucharada de bananas y cereal. "Ese plato es tan grande como para un caballo y, además, no vamos a adquirir un perro ahora. ¡Para ya!"

Ella vino directo a mí: "Pero tú dijiste que si realmente programabas la mente en algo y conseguías toda la información al respecto, entonces...". Yo la interrumpí como generalmente los padres hacemos, "Yo sé lo que dije", le contesté, "pero eso fue en el seminario y ahora estamos en casa. Los niños no pueden trazar sus propias metas sin consentimiento previo del gran planeador de metas, ¡y ese soy yo!" Los niños se comieron su cereal en silencio, empacaron sus loncheras, se despidieron de mí con un beso y se fueron a la escuela.

Cuando regresé a casa de una reunión ese sábado en la tarde, vi a Dayna caminando por el patio hablando con una larga cadena que ella arrastraba tras sí en una mano. La interrogué tan pronto como salí del garaje. "¿Qué estás haciendo hablando contigo con un trozo de cadena en tu mano?" "No es un trozo de cadena, papá", me corrigió. "Es el lazo de mi perro y estoy practicando para llevarlo a dar un paseo". Le dije que practicara en su cuarto porque los vecinos podían estar mirando y ya pensaban que de hecho, éramos un poquito extraños.

Yo sabía que estaba siendo un tanto brusco con mis hijos acerca del tema del perro, así que decidí suavizar las cosas y hacerle un chiste a mi hija mostrándome ligeramente interesado en su meta. "Si fueras a tener un perro, en alguna época futura cuando nos cambiemos de casa, ¿qué clase de perro tendrías, cariño? Pregunté suavemente. "¿Yorkie o Poodle?

"Tú sabes que no me gustan los perritos pequeños, papá", suspiró. "Mi perro es un Malamute".

Lo que yo recordaba de los Malamutes es que son perros grandes, con enorme apetito y que están diseñados para arrastrar trineos en la zona ártica. Le recordé que vivimos en el sureste de California, donde es cálido todo el año y que el pobre perro jadearía y perdería su pelaje, buscando refugio bajo un árbol durante todo el verano. "Y además", le agregué, "él probablemente olería".

Ella tenía su mente bien puesta. "Tienes razón papá", me contestó, "los Malamutes tienen grandes hocicos, y él siempre encontraría su camino de regreso a casa y sería un gran cuidandero, ya verás".

La situación se estaba volviendo desesperante, pero yo sabía que tenía "el as en la mano", en la forma de una chequera y el absoluto poder del veto cuando hubiera votación en la junta familiar. "Si fuera a adquirir ese perro, el cual no adquirirás hasta dentro un año o más, ¿sabes aproximadamente cómo luciría ese perro?" le pregunté a Dayna después de la cena. Su respuesta me cogió un poco fuera de guardia.

"Él tiene pelaje negro, con café en su barriga y orejas", dijo ella admirada. "Tiene un diamante blanco en su frente y hermosos ojos café", dijo sonriente. Luego sacó un librito de bolsillo titulado "El cuidado y alimentación de los Malamutes" y hojeó unas páginas. "Aprenderás a amar a Kheemo, papá", me dijo confiadamente, recordándome de mí mismo cuando traté de convencer a los niños que el calabacín y el coliflor eran deliciosos.

"¿Cómo así que Kheemo?" le pregunté, tratando de controlar la irritación que estaba empezando a sentir frente a este "pensamiento lleno de ilusiones" imposibles.

"Kheemo es su nombre, papá", dijo suspirando. "Es una abreviación para el nombre Kheemosabe (Keeemo-sah-beh), que es una expresión india que significa 'buen amigo'". Yo le recordé que crecí escuchando al "Llanero solitario" cada semana en la radio y que estaba bien informado de la expresión que Toro usaba para saludar a su amigo, el enmascarado. Sintiendo que habíamos llegado a un impase en la discusión, terminé con el debate del perro y me fui a la sala a integrarme con los otros miembros de la familia.

La mañana siguiente era el día del padre. Debí darme cuenta que iba a ser un día muy especial. Había sido emboscado por mis propios hijos para una revancha en el mismo día en que ellos estaban supuestos a honrarme.

Bajé las escaleras ese domingo en la mañana, dispuesto a disfrutar de la amabilidad de la ocasión, como lo había soñado siempre. Vine a la mesa a desayunar en piyama, bata y pantuflas, con la guía de programas de televisión en una mano y el periódico en la otra. "Hoy vamos al segundo servicio en la iglesia y después, me voy a concentrar en hacer absolutamente nada", anuncié a la familia. "Voy y vuelvo a ponerme mi piyama, relajarme, y ver beisbol y películas viejas todo el día", agregué con un toque de arrogancia. Noté que los niños estaban todos vestidos, con su cabello bien peinado y sus chaquetas puestas, como si fueran a salir. Yo abrí mi tarjeta del día del padre y una cinta abajo, después de toda la poesía, con un clasificado del periódico:

"Último de la camada, un adorable cachorrito AKC macho Malamute. Raza pura, papeles, vacunas. Sólo $500 dólares. Recójalo hoy. No durará. La mascota ideal para niños".

"¿No quieres llevar a tus hijos a dar un paseo después de ir a la iglesia en el día del padre?" dijeron al tiempo las bellezas.

"De hecho, eso es exactamente lo que no quiero hacer", repliqué metiendo mi nariz en la TV-guía para ver a qué hora empezaba el juego. Su respuesta, obviamente bien ensayada y probablemente dirigida por su madre, sonó como algo extraído del clásico de Harry Chaplin, *Gatos en la cuna* (*The Cat's in the Cradle*).

"Está bien papá, no estés triste, porque nosotros vamos a crecer como tú", cantaron. "Algún día cuando seas viejo y canoso, querrás que te visitemos en el día del padre", siguieron. "Dirás: 'vengan chicos a visitarme' pero te diremos, 'lo sentimos, papá, estamos viendo TV'. Oh, está bien papá, no te entristezcas, 'porque vamos a crecer como tú' ".

En el camino al criadero, después de la iglesia, aleccioné a los niños sobre las reglas específicas de comportamiento durante el resto del día. Ellos iban a ir arriba y jugar con el cachorro Malamute por algunos minutos y yo me quedaría en el carro escuchando el partido de beisbol. Ellos conseguirían toda la información acerca del perro y luego nos iríamos a casa mejor informados, en caso que alguna vez estuviéramos seriamente interesados en tener un perro. Les di todas las razones por las cuales no íbamos a tener ningún perro, comenzando con las responsabilidades, el problema de cuidarlo cuando nos fuéramos de casa, la posibilidad de rabia, el riesgo que mordiera a alguien y fuéramos demandados. Y terminé con todos los aspectos importantes que una familia debe tener en cuenta, antes de hacer una inversión tan costosa.

Ya en el criadero, no podía entender qué los estaba demorando tanto en obtener la información sobre un cachorro. Seguramente los dueños del lugar tenían mejores cosas que hacer que dejar a una banda de niños jugar con su mercancía por media hora. Cuando abrí la puerta del carro para ir a ver qué los estaba demorando, una bolita peluda con cuatro patas vino temblando hacia mí. Era negro con una barriguita café y tenía un diamante blanco en su frente, entre sus dos grandes ojos café. Creo que fueron los ojos los que lo lograron. Me lamió los zapatos y me haló la manga del pantalón. Corrió alrededor mío en círculos moviendo su colita enroscada tan furiosamente que parecía como un helicóptero anclado tratando de despegar. Se echó hacia atrás mirándome, invitándome a rascarle su pecho y su estómago. ¡Él sabía quién era su amo! Le dije: "Súbete al carro Kheemo; vamos a casa a ver el juego".

El perro costó $500 dólares. La cerca costó otros $500 dólares. Destruyó cosas en el patio. Se comió las flores del jardín y mis pantuflas de estarme en casa y mis mejores zapatos para hacer ejercicio.

Entró por la casa justo a través de la puerta del pórtico, la cual estaba con llave.

Poco después de su llegada, los chicos y yo estábamos rocheleando con él en la sala de la familia mientras mi esposa estaba de compras. Desafortunadamente, elegimos la alfombra persa favorita de mi esposa para revolcarnos y la situación pronto se salió de control. Mientras Kheemo y yo batallábamos, el perro mordió la alfombra y le sacó las fibras en todas las direcciones.

La obra persa maestra de mi esposa tenía una escena de invierno tejida muy elaboradamente en diferentes colores y texturas. En el centro había un ganso canadiense volando de una laguna muy tranquila. Evidentemente, los Malamutes son cegatones porque Kheemo se estaba comiendo el ganso como si fuera una comida gurmé. Yo le agarré las mandíbulas al cachorro y traté de sacarle los hilos antes que se los pasara. Durante las siguientes dos horas traté de tejer los hilos salidos tratando de lograr que parecieran un ganso canadiense ¡y terminé con algo así como un pavo mojado!

Cuando mi esposa retornó del almacén, los niños y yo estábamos en el proceso de enderezar el tapete y recogiendo nuestras herramientas de bordado. "¿Qué le pasó a mi alfombra?" exclamó ella acercándose a examinarla. Yo la alejé diciendo: "No es nada de qué preocuparse", dije casualmente, "los niños y yo estábamos persiguiéndonos alrededor del patio y la casa y maltratamos un poquito tu alfombra persa. La lavamos con champú y será mejor que no camines sobre ella todavía. ¿Por qué no esperas hasta mañana para chequearla, después que se seque? Le sugerí nerviosamente. "No se ve bien", dijo ella moviendo la cabeza. Antes que pudiera detenerla, cogió la aspiradora y quitó el centro del tapete, donde había estado el ganso. "Santo cielo", gritó ella, "¿qué le han hecho a mi apreciada alfombra?" Yo inventé la excusa más débil, diciendo que debía ser una de esas alfombras iraníes que no resisten las condiciones del medio ambiente.

"¿Fue el perro el que hizo esto, verdad?" dijo mi esposa, con una voz temblando de emoción. "¿Fue mi perro?", argumenté apologéticamente, "¡Fue el perro de nuestra hija Dayna que desbarató la alfombra!". "¡Tú lo compraste!", dijo mi esposa fríamente. "¡Pero ella lo pensó!" dije para defender mi inocencia.

La temperatura estuvo fría alrededor de la casa por las siguientes semanas. Cada vez que mi esposa pasaba por el sitio donde antes estaba la alfombra, murmuraba cosas sobre los perros y los esposos como si ellos se pertenecieran entre sí. Además decía que los conferencistas deberían practicar lo que predican en sus seminarios.

En cuanto a Kheemo, creció siendo la mascota de la familia y el perro guardián. Dayna y el resto de los chicos creen en sus sueños. Pero se dieron cuenta de lo importante que es tener a alguien que les ayude a alcanzar sus metas.

6. LA RUEDA DE LA FORTUNA

Para conseguir el apoyo de la sociedad, la familia y los amigos, en el logro de nuestras metas, primero debemos definirlas. Únicamente con el hecho de identificarlas específicamente, ya tenemos la mitad del camino recorrido. Mucha gente ve la vida como un programa de juegos en la televisión en el cual la rueda de la fortuna da vueltas, uno la hace girar y gana unos premios muy costosos o se va a casa con las manos vacías.

Quiero presentarle un estilo diferente de la rueda de la fortuna, con la cual usted tiene la posibilidad de planear por adelantado para que las oportunidades de ganar estén a su favor desde el comienzo. Si entiende los principios básicos y sigue los pasos, usted puede ganar.

A medida que comenzamos, examinemos unos términos y definiciones relevantes:

Suerte –trabajar bajo el conocimiento adecuado. Una vez que sabemos lo que queremos hacer y comenzamos a prepararlo y hacerlo, comenzamos a tener buena suerte.

Temor –concepto falso que parece real. Como dijimos antes, la mayoría de lo que tememos es imaginario, ya pasó, es fácil de resolverse una vez lo definamos, o está fuera de nuestro control.

Posponer–duda causada por el temor a los resultados, los cuales pueden ser frecuentemente temor al éxito o al fracaso.

Metas –objetivos específicos para ejecutar una acción definida, discutida, visualizada y que represente un compromiso por escrito. Las metas deben estar fuera de su alcance actual, pero no fuera de su vista.

Sueños –soñar despierto con la realización de unas metas en estado de desarrollo. Los sueños nocturnos son normalmente episodios subconscientes que nos ayudan a resolver conflictos emocionales.

Pensamientos dominantes –metas u obsesiones que guían su vida diaria y sus prioridades.

Conversación con uno mismo –las conversaciones silenciosas que usted tiene consigo mismo cada instante de su vida. Además es la conversación que tiene con otros acerca de usted y sus metas.

Reglas del juego –sólo hay una regla. Su rueda de la fortuna no es un juego de suerte, sino el juego de las decisiones que usted toma. No hay escape, ni substitutos, y el reloj siempre corre.

Ejercicio de calentamiento –antes de girar la rueda en serio, ejercitemos el cerebro con algunos ejercicios de estiramiento mental. Conteste "si" o "no" a las siguientes preguntas:

- ¿Termino el proyecto que comienzo?
- ¿Repaso mis metas en mi imaginación?
- ¿Tengo un número de malos hábitos que parece que no logro romper?
- ¿Sueño despierto con lo mismo una y otra vez con respecto a mi éxito en un campo específico?
- ¿Generalmente hablo y pienso sobre mis metas positivamente?
- ¿Sé para dónde voy en mi vida?

Luego usemos nuestra imaginación para pensar en algo que disfrutemos hacer. Si sus sueños fueran a ser ciertos, ¿cómo sería su vida? Sueñe un poco completando estas frases:

- Una meta que realmente quiero cumplir es

  ____

- Si tuviera una buena suma de dinero, yo
  ____
- Me gustaría ser la clase de persona que
  ____
- Un lugar que me gustaría visitar es
  ____
- Mi vida sería mejor si
  ____
- Si tuviera tiempo, yo
  ____
- Si tuviera una segunda oportunidad, yo
  ____

Como un ejercicio final de calentamiento, piense en los mayores obstáculos que han estado retrasándolo en echar a rodar la rueda de la fortuna en el camino de la vida con mayor velocidad y más destinos. Los siguientes son varios obstáculos que la gente dice que los previene más de conseguir lo que quieren de la vida. Selecciones los que usted siente que los han restringido o limitado:

___ insuficiente educación
___ insuficiente capital
___ épocas de mala situación financiera
___ inflación
___ cónyuge que no coopera
___ crianza familiar negativa
___ mala elección de profesión
___ demasiadas personas a cargo
___ no suficientemente atractivo físicamente
___ discriminación racial, sexual, etc.
___ políticas empresariales de ascenso
___ estar con la gente equivocada
___ veterano de Vietnam
___ mala historia crediticia
___ mal partido político al poder
___ alcohol, drogas, etc.
___ horóscopo equivocado
___ no era el tiempo indicado
___ elijo el trabajo equivocado
___ jefe indiferente
___ ayuda familiar limitada
___ economía pobre en la ciudad
___ elección de una industria obsoleta

¿Recuerda que anteriormente en este capítulo, cuando yo dije que usted y yo somos diferentes de la mayoría de la gente? Realmente quise decir eso. Yo creo que usted no iría así de lejos en este libro, si no fuera un individuo vencedor. La gente con baja autoestima, que es pobremente motivada, raramente —si alguna vez— lee libros que están diseñados para ayudarles. Ellos se concentran estrictamente en "escapar" a los tiempos pasados. Este libro es una jornada para descubrir el ser interior y no para escapar de él. La razón por la cual menciono esto es porque dudo que usted haya dejado de lado una cantidad de cosas que lo retrasan en alcanzar sus metas en la vida.

Creo que usted y yo podemos ser honestos entre nosotros. Quizás usted no tuvo la educación que quería. Su empresa a lo mejor no reconoce sus habilidades sobresalientes. El objetivo de su pareja parece ser mantenerlo a usted siendo humilde. Cualquiera que sea el problema, usted y yo sabemos que usted es responsable por el resultado eventual de su vida. Usted ha recibido la mayor fuerza del mundo –la posibilidad de escoger. Usted entiende que las metas y las decisiones que usted ha elegido en el pasado lo trajeron a sus actuales circunstancias. Usted también es consciente que su futuro será determinado, en gran medida, por las metas que se ha trazado y que dirigen sus decisiones diarias. Usted y yo sabemos que nuestra autoestima, la imaginación creativa y el sentido de responsabilidad de ser causantes de nuestros propios efectos son el mayor bloqueo o luz verde en el camino de nuestra vida. Mantengamos estas ideas en mente a medida que pensamos en la forma de jugar a la rueda de la fortuna.

Viendo la ilustración de la rueda de la fortuna, hay ocho segmentos en ella. Por cada uno de ellos he hecho una lista de metas desde donde usted puede comenzar a construir su propia rueda. Yo sé que usted puede estar más adelantado de este enfoque fundamental para establecer sus metas, pero aún si lo está, vaya conmigo como una manera para chequear su progreso.

Seleccione una de las ideas iniciales que he listado para cada uno de los ocho segmentos o escoja una idea específica en la que ha estado trabajando. Escoja algo que va a obtener hacia el final de este año y fije una fecha límite de cumplimiento.

IDEAS INICIALES PARA EL CUMPLIMIENTO DE METAS

Elija una de las ideas de la lista o una suya:

- **FÍSICA: Ejemplo**

Habilidad deportiva: Voy a pesar 165 libras (masculino).
Peso diferente: Voy a pesar 120 libras (femenino).
Comer adecuadamente: ¿Cuándo? El primero de diciembre.
Horario de ejercicio

- **FAMILIA: Ejemplo**

Relación con la pareja:
Relación con los padres: llamar a mi mamá más frecuentemente.
¿Cuándo? Ya y dos veces al mes de aquí en adelante.
Relaciones con otros familiares:
Nueva actividad familiar:

- **FINANCIERA: Ejemplo**

Ahorros para retiro: ____________________
Propiedades o seguros: ¿Cuándo? ____________________

Inversiones: ____________________
Capital para invertir:
Ahorro para estudio:

- **PROFESIONAL: Ejemplo**

Desarrollar habilidades: ____________________
Educación: ¿Cuándo? ____________________
Mayor escala salarial:
Promoción a cargo gerencial:
Sociedad profesional o licencia:

- **COMUNIDAD: Ejemplo**

Organizaciones de servicio: ____________________
Trabajo voluntario: ¿Cuándo? ____________________
Oficinas cívicas o comités:
Paseos patrocinados, etc.

- **MENTAL: Ejemplo**

Leer literatura y libros: ____________________
Autosuperación: ¿Cuándo? ____________________
Cursos:
Aumentar vocabulario:
Tener un computador personal:

- **SOCIAL: Ejemplo**

Hacer nuevos amigos: ____________________
Vestir y lucir mejor: ¿Cuándo? ____________________
Actividades en clubes:
Nuevas recreaciones:
Búsquedas:

- **ESPIRITUAL: Ejemplo**

Asistir a servicios regulares: ____________________
Leer publicaciones religiosas: ¿Cuándo? ____________________
Publicaciones:
Más tiempo de meditación:
Orar:
Mayor esfuerzo para amar y servir a otros:

7. CÓMO MINAR SU "MENTE DE METAS"

Ahora que ha seleccionado ocho metas iniciales de la rueda de la fortuna, es el momento de retomar donde la mayoría de los seminarios terminan. ¿Recuerda al comienzo de este capítulo cuando aprendimos que la razón por la que mucha gente falla en alcanzar sus metas es porque, primeramente, ellos nunca las planearon? Estoy convencido que este siguiente paso es extremadamente importante para aceptar hasta la más elemental de sus metas.

Años atrás algunos colegas y yo desarrollamos un taller especializado en la escogencia de metas, llamado "La mente de metas". El programa fue enseñado por muchos años por todos los Estados Unidos y el mundo como un seminario independiente y además como un taller de retroalimentación para mi video- seminario de "La sicología del ganador". Luego de manejar varios miles de estudiantes en los seminarios, descubrimos que la construcción de una autoimagen específica o de una "conversación con uno mismo", cada enunciado relacionado con cada meta importante es un paso significativo en el proceso de alcanzar esa meta.

Leyendo estos enunciados de estas "conversaciones" varias veces al día o escuchando los enunciados de las metas, grabados con su voz, como si ya los hubiera alcanzado, usted puede acelerar la aceptación total de sus metas. Su autoimagen no puede distinguir entre realidad y algo imaginario. El hábito de repetir para reforzar sus metas como si ellas fueran en tiempo presente, le da sugerencias visuales, emocionales y verbales a su imaginación creativa a nivel subconsciente. Estas sugerencias, si se repiten frecuentemente en un ambiente relajado, tenderán a invalidar sus hábitos y patrones previos con un nuevo plan que usted ha diseñado para obtener éxito.

Para manejar su rueda de la fortuna por el camino indicado y convertir su "meta mental" en una "mina de oro", tome los ocho inicios de metas que seleccionó en cada categoría y defínalos, específicamente en un enunciado.

Ejemplo

7.1. Mi meta física es pesar 165 libras y tonificar mis músculos. ¿Cuándo? Para diciembre primero.

7.2. Mi meta familiar es

____

¿Cuándo? ______________

7.3. Mi meta financiera es

____

¿Cuándo? ______________

7.4. Mi meta profesional es

____

¿Cuándo? ______________

7.5. Mi meta de apoyo a la comunidad es

____

¿Cuándo? ______________

7.6. Mi meta mental es

____

¿Cuándo? ______________

7.7. Mi meta social es

____

¿Cuándo? ______________

7.8. Mi meta espiritual es

____

¿Cuándo? ______________

No es inusual para los individuos exitosos estar trabajando en cuatro o cinco metas en cada una de las ocho categorías al mismo tiempo. Yo conozco muchos gerentes y líderes exitosos, que revisan varias fichas de metas cada día y escuchan grabaciones en cada área con su propia voz y parecen ser las personas más felices, mejor ajustadas, mejor casadas y más seguras financieramente. Ellos saben dónde quieren ir en la vida y están en el camino indicado.

Ahora que usted tiene una meta definida en cada una de las ocho categorías, como también cuándo y qué planea hacer para cumplirlas, hágase un paquete de fichas de 3x5. Escriba cada meta en una ficha separada, como si ya la hubiera alcanzado:

- Use el pronombre "Yo".
- Verbos en tiempo presente progresivo (estoy disfrutando, estoy haciendo, etc.).
- Adverbios de modo (fácilmente, regularmente, etc.).
- Palabras que expresen emociones (entusiasmado, feliz).
- Metas en tiempo presente. Ejemplos:
  - Meta física: "Disfruto mi peso de 120 libras y me veo más delgada en vestido de baño". (femenino)
  - Meta física: "Peso 165 libras, luzco estilizado y disfruto del ejercicio diario". (Masculino)

A medida que usted escribe estos enunciados en sus fichas, debería usar refinamientos sutiles en la construcción de la frase; esta puede ser la diferencia entre éxito y fracaso en la asimilación de las sugerencias de sus metas. Trabajando con astronautas, atletas olímpicos, y sicólogos clínicos relacionados con la modificación de conductas, he encontrado los siguientes principios para trabajar mejor en los mejores enunciados positivos:

1. Siempre use pronombres personales. Palabras como "yo", "mi", "mío" y "mí", personalizarán sus enunciados y los hará más fáciles de afirmar y asimilar.
   - Inefectivo: "Trotar es buen ejercicio".
   - Efectivo: "Yo disfruto trotar tres millas todos los días".
2. Mantenga sus conversaciones con usted en tiempo presente. Referirse al pasado o al futuro diluye el impacto o es contraproducente en la realización de sus metas.

- Inefectivo: "Algún día iré a Hawái".
- Efectivo: "Yo amo el surf y la arena de Maui".

3. Mantenga los enunciados de sus metas cortos y concisos (cuatro a cinco segundos de duración).
   - Inefectivo: "Ahora que he ahorrado cinco mil dólares, de pronto voy a hacer negocios por mi cuenta y espero triunfar".
   - Efectivo: "Mi negocio está capitalizado apropiadamente con los cinco mil dólares que invertí en él".
4. Dirija sus conversaciones con usted hacia lo que desea, en lugar de tratar de salir de lo que no quiere. Su mente no puede concentrarse en la idea opuesta. Si usted trata de decir que no repetirá errores, su mente reforzará sus errores. Usted quiere enfocar su pensamiento dominante actual en sus deseos, no en lo que le desagrada.
   - Inefectivo:
   - "Puedo dejar de fumar".
   - "Perderé veinte libras".
   - "No llegaré tarde otra vez".
   - "No voy a gritar a los niños".
   - "No volveré a jugar al futbol".
   - Efectivo:
   - "Yo estoy en control de mis hábitos".
   - "Yo peso 125 libras y me siento delgada".
   - "Yo llego temprano a la cita".
   - "Yo soy paciente y amoroso con mis niños".
   - "Yo guardo y controlo la pelota de futbol".
5. Mantenga sus conversaciones personales no-competitivas en lugar de compararse con otros.
   - Inefectivo: "Yo me convertiré en un principiante en el equipo, antes que él o ella lo sean".
   - Efectivo: "Yo estoy comenzando en el equipo y estoy haciendo un buen trabajo".
6. Cuando escriba sus enunciados, trate de mejorar su estatus actual. No busque la perfección.
   - Inefectivo: "Yo soy el mejor ejecutivo de ventas en la

compañía y estoy ganando más dinero que todos".

- Efectivo: "Yo estoy dando lo mejor de mí este año, produciendo el 20% más que el año pasado".

Una vez que haya escrito correctamente el enunciado de una meta en sus fichas para cada una de las ocho categorías en la rueda de la fortuna, adquiera el hábito de cargarlas con usted a todas partes, diariamente. Lea los enunciados en la mañana al comienzo de su rutina normal, revíselos durante el día y nuevamente en la noche, antes de retirarse a descansar. Visualícese habiendo alcanzado cada meta. Permítase sentir el orgullo de hacerlo bien. Si es posible, grabe sus metas en su propia voz, como se lo sugerí en el capítulo sobre la semilla de la creatividad.

8. EL MARAVILLOSO PODER DE LA SUGESTIÓN

Estoy impresionado con los métodos usados por la antigua Unión Soviética, Alemania oriental y Bulgaria, en el entrenamiento que les dan a sus atletas olímpicos para que produzcan alto desempeño a través de terapia autosugestiva. Ellos instruyen un atleta para que escuche música clásica al mismo tiempo que suena suavemente una grabación con la voz del mismo atleta. El individuo disfruta y se enfoca en la música; los enunciados de las metas se vuelven un sonido subliminal en el fondo musical. Las metas, sin embargo, deben ser audibles y reconocibles.

La marca del ritmo de la música clásica parece proveer una forma de relajación para el cerebro, haciéndolo más susceptible a la sugestión visual y auditiva, logrando que el hemisferio izquierda deje de dominar y le permita al derecho responder a la afirmación de las metas. Como parece que el hemisferio derecho alberga más de nuestros sentimientos negativos subconscientes acerca de uno mismo, los enunciados repetidos de nuestras metas cambian la forma en que nos vemos a nosotros mismos y altera la dirección de nuestra vida.

No deje que la técnica de afirmación y simulación le de la falsa impresión de estarnos lavando el cerebro o mintiéndonos. Lo que estoy sugiriendo es lo opuesto a esto. Sin darnos cuenta, mantenemos el cerebro lavado y nos mentimos todos los días de la semana, día y noche. Los programas que vemos, los periódicos y las revistas que leemos, nos dan una percepción sensacionalista y dramatizada de lo que está pasando en el mundo. Todo esto impide que la imaginación se estimule en la dirección correcta. ¿No es tiempo que usted y yo nos concentremos en la información diseñada para nuestro éxito y no en nuestra frustración? ¿No es el momento de cambiar para lavar nuestra mente con "jabón" y programarla con metas?

La mente es un buscador de metas por diseño. Los individuos exitosos tienen planes y propósitos que están claramente definidos y a los cuales se refieren constantemente. Ellos saben hacia dónde van diaria, mensual y anualmente. Las cosas no simplemente les ocurren, sino que ellos hacen que ocurran, tanto en su vida como la de sus seres amados. Ellos conocen la diferencia entre las acciones para alcanzar sus metas y las actividades para liberar tensión.

El propósito es la máquina que le da energía a la vida. Todos tenemos un propósito. Para algunos es comer, para otros es llegar al final del día. Para muchos americanos es llegar al viernes para poder celebrar que gracias a Dios es viernes en el sitio preferido de la ciudad. Para usted y para mí, el crecimiento personal, la contribución, la expresión creativa, las relaciones amorosas y la armonía espiritual, son metas que nos hacen intentar ser personas poco comunes. Las metas específicas escritas son la herramienta que hace alcanzable el propósito. Como la mente es un biocomputador, necesita instrucciones definitivas y dirección. La razón por la cual mucha gente no alcanza sus metas es que ellos no las definen, ni las aprenden o en algún momento las consideran como creíbles y alcanzables.

Mientras los otros son parte de la audiencia, usted y yo agarraremos la rueda de la fortuna y tomaremos control. Podemos decirles a otros a dónde vamos, aproximadamente cuánto tiempo tomará, por qué vamos, qué planeamos hacer durante el camino, y quién estará compartiendo la aventura con nosotros. Usted y yo vivimos nuestra vida – ¡a propósito!

9. 10 PASOS DE ACCIÓN HACIA SUS PROPÓSITOS

9.1. Establezca metas a corto plazo que vayan construyendo su propósito a largo plazo. Es mucho más efectivo establecer metas mensuales, semestrales o anuales, que proyectarse muy lejos en el futuro. Los tiempos específicos limitados son formas importantes para medir resultados.

9.2. Planee metas que estén fuera de su alcance pero no fuera de su vista. Es fundamentalmente importante utilizar un enfoque que incremente el éxito. Planeando metas de bajo perfil –las que son relativamente fáciles de cumplir—, es más sencillo hacer correcciones cuando usted se aleja del propósito. El cumplimiento de metas paso a paso también es útil para desarrollar su seguridad personal.

9.3. Consiga un grupo de refuerzo, rodeándose de gente motivada que esté interesada en las mismas metas. Además, revise sus planes con expertos, pida consejo de personas con una experiencia comprobada de éxito.

9.4. Planee por adelantado una ceremonia de reconocimiento, para que tenga algo específico que celebrar bajo el cumplimiento de cada una de sus metas. Puede ser un viaje, una cena familiar, una recreación especial, ropa nueva, o un artículo personal.

9.5. Intente una celebración de Año Nuevo diferente. Ponga sus metas para este año en un sobre y anime a los miembros de su familia a hacer lo mismo. En la noche de Año Nuevo, abra los sobres y vea qué tan bien cumplió lo que dijo que iba a hacer. Es una manera fantástica para terminar un gran año. Luego, haga el plan de sus metas para el nuevo año (antes que la pre-temporada de futbol acapare su atención).

9.6. Utilice un computador personal, iPod, una agenda o calendario para establecer sus metas para el próximo mes. ¿Qué hará, dónde irá y con quién se comunicará?

9.7. Utilice un calendario de bolsillo para organizar sus actividades para la próxima semana, la cual lo llevará paso a paso hacia sus metas, tanto mensual como anualmente.

9.8. Tenga una libreta de 8 ½ x 11 para escribir sus metas más importantes –con sus prioridades diarias. Al cierre de cada día, decida cuáles son las del siguiente día. Revise su lista al comienzo de cada día, antes de hacer su primera llamada o ir a su primera cita. Marque cada ítem como cumplido y tenga en cuenta lo que no hizo, para que lo incluya en la siguiente agenda.

9.9. No comparta sus metas con gente negativa o cínica, sino con personas que realmente se interesen en usted y quieran ayudarle. Y asegúrese de recibir consejos de vencedores. Recuerde que a la miseria le encanta la compañía. ¡Alguna gente le interesará que usted se quede en la misma ruta con ellos!

9.10. No dependa del gobierno para su seguridad financiera a largo plazo. Asegúrese de ahorrar mensualmente pensando en su futuro, como si estuviera haciendo el pago de una casa. Usted es su mejor seguro social.

10. PREGUNTAS ACERCA DE SU PROPÓSITO

1. ¿Cuál es una de sus metas personales este mes? ¿Qué va a hacer hoy para contribuir a esa meta?
2. ¿Cuál es una de sus metas profesionales este mes? ¿Ha compartido esta meta con alguien que pueda animarlo a cumplirla?
3. ¿Tiene un plan de acción para este año?
4. ¿Tiene un plan de bienestar físico establecido? Revise para ver que esté escrito en un lenguaje específico.
5. ¿Tendrá la capacidad de vivir en los años futuros sin preocuparse por el Seguro Social? ¿Ha decidido cuánto va a ahorrar mensualmente?
6. ¿Qué va a hacer mañana? ¿Va a tener en cuenta los ítems que no alcanzó a llevar a cabo hoy, para incluirlos en las metas de mañana?

6
LA SEMILLA DE LA COMUNICACIÓN
EXTIENDA SU MANO PARA AYUDAR A ALGUIEN

1. Caminando con los zapatos de otro.
2. Tratando de ir al mismo ritmo con los demás.
3. Cartas de amor para sobrevivir.
4. El sexto secreto mejor guardado para obtener el éxito total.
5. Tome tiempo para escuchar.
6. La comunicación va de adentro hacia afuera.
7. La forma de escalar "desde hasta nunca"
8. El poder de la influencia personal.
9. 10 pasos de acción hacia una mejor comunicación.
10. Preguntas acerca de su nivel de comunicación.

Las bibliotecas y librerías están llenas con volúmenes de material sobre la comunicación efectiva. He decidido concentrarme en dos aspectos básicos de la comunicación sobre los cuales pienso que son los más importantes: la simpatía y el amor.

Llegué a entender el significado de la simpatía en un seminario de PACE en Carefree, Arizona. El programa PACE –el cual significa Personal And Company Effectiveness (Efectividad Personal y Empresarial) —, tiene una reputación excelente en la enseñanza de autoconciencia a ejecutivos y parejas de matrimonio.

Jim Newman, fundador del programa, fue nuestro instructor durante los cuatro días del seminario. Él tenía un talento especial para usar los incidentes de la vida diaria para explicar verdades profundas. A medida que discutimos cómo la comunicación y nuestras relaciones con otros es una de las claves principales para ser feliz, Jim contó una historia sobre una señora que asistió a uno de sus anteriores seminarios.

1. CAMINANDO CON LOS ZAPATOS DE OTRO

La señora había llevado a su hijo de cinco años a hacer compras a un centro comercial grande, durante la época navideña. Ella sabía que sería divertido para él ver todas las decoraciones, las vitrinas, los juguetes y a Santa Claus. A medida que lo llevaba de la mano, dos veces más rápido que lo que sus piernitas podían moverse, él comenzó a molestar y llorar, colgándose del abrigo de su madre. "Cielo santo, ¿cuál es el problema contigo?" dijo ella impacientemente. "Te traje conmigo para mostrarte el espíritu navideño. ¡Santa no le trae regalos a los niños llorones!".

Él seguía molesto en tanto que ella trataba de encontrar buenas ofertas durante los apuros de las compras del 23 de diciembre. "No vuelvo a llevarte de compras conmigo, nunca otra vez, si no dejas de lloriquear", le dijo. "Oh, bueno. De pronto es porque tus zapatos están desamarrados y te estás pisando los cordones", dijo agachándose a amarrarle al niño sus zapatos.

Cuando ella se arrodilló y miró hacia arriba, por primera vez vio el centro comercial a través de los ojos de un niño de cinco años. Desde esa posición no se veían baratijas, brazaletes, adornos, regalos, decoraciones en los estantes ni juguetes animados. Todo lo que se veía era unos corredores largos y muy altos para poder ver, piernas largas y gigantes y traseros enormes. Estos montones de extraños, con pies tan grandes como un monopatín, empujaban y escarbaban, tropezaban, se apuraban y se estrellaban. Lejos de divertida, ¡la escena era aterradora! Ella decidió tomar a su niño y llevarlo a casa, prometiéndose nunca volver a imponerle su versión de diversión nuevamente.

Saliendo del lugar, la madre observó que Santa Claus estaba sentado en un pabellón decorado como el Polo Norte. Ella sabía que permitir que su hijito conociera a Santa Claus en persona serviría para que el recuerdo del desastre de las compras navideñas fuera placentero y no la experiencia amarga que era hasta ese momento.

"Ve y te paras en la fila con los otros niños, para que te sientes en las piernas de Santa" dijo ella obligándolo. "Cuéntale qué quieres para Navidad y sonríe cuando hablas para tomarte la foto para el álbum familiar".

Aunque un Santa Claus estaba parado en la entrada del almacén tocando la campana, y no obstante que ya habían visto otro Santa en el centro comercial anterior, el niño fue empujado a disfrutar de una charla personal con "el verdadero" Santa.

Cuando el extraño hombre de barba, gafas y vestido rojo relleno de almohadas subió el niño en sus piernas, se rió escandalosamente (pues creyó que era importante en su papel), haciéndole cosquillas en las costillas al pequeñín.

"¿Y qué te gustaría para Navidad, hijo?" preguntó Santa jovialmente.

"Me gustaría bajarme", replicó el niño suavemente.

Santa Claus era un extraño para él. Ya estaba confundido viendo otros dos Santas antes que su madre le pidiera que se acercara al "verdadero". No es divertido para un niño de cinco años hacer compras de último minuto en un centro comercial repleto de adultos impacientes. Arrodillándose a amarrarle los cordones y observando su incomodidad con un Santa Claus extraño a él, la madre estaba experimentando una rara lección de simpatía que muy pocos de nosotros compartimos con quienes tanto nos interesan.

La historia de Newman sobre el niñito causó en todos los que estábamos en el seminario, la necesidad de parar y pensar sobre la forma en que nos estamos comunicando personalmente con los demás. Cuando él estaba cerrando la sesión, repartió separadores de libros con la vieja oración de los indios Sioux impresa en ellos. Yo todavía tengo la mía y se me hace más preciosa con el paso de los años. Dice: "Oh gran espíritu, dame la sabiduría para caminar con los mocasines de otro, antes de criticar o lanzar un juicio".

En discusiones de grupos pequeños, después de la conferencia de Jim Newman, estuvimos de acuerdo que, en cuanto a la comunicación, no hay nada tan importante como caminar con "los zapatos del otro" antes de decir lo que estamos pensando. La simpatía es una de las claves para la comunicación. Es ese "sentimiento hacia la otra persona". Más que simpatía o sentimiento por otro ser humano, es el proceso de tratar de entender los puntos de vista del otro, como si uno fuera esa persona. La simpatía es cuando mira los participantes de la maratón en la marca de las veinte millas y a usted le duelen las piernas. Simpatía es mirar la repetición de la película de "Rocky" y ser incapaz de levantar sus brazos al final de round número quince.

El seminario terminó muy animadamente y la mayoría de los participantes se fue sintiéndose como si ellos pudieran ser campeones como Rocky, tanto en sus metas personales como profesionales. Tuvo un efecto diferente en mí. Me fui a caminar por el desierto en el crepúsculo, para pensar en lo que aprendí. Los altos árboles de cactus saguaro, como extraños silenciosos, proyectaban su muda sombra en la arena. A medida que paseaba entre ellos me preguntaba si alguien de mi familia o asociados me mirarían como si yo fuera alguien seco y distante como los cactus.

Me preguntaba qué tan simpático era yo realmente. Me hacia algunas preguntas y trataba de visualizar las respuestas. ¿Cuánto me agradaría un padre como yo si yo fuera mis hijos? ¿Cuánto me gustaría estar casado conmigo? ¿Cuánto me agradaría un jefe como yo? Estas fueron preguntas difíciles.

¿Doy servicio de dientes para afuera para ser un buen comunicador? Me pregunté. ¿Tomo mis relaciones deportivamente o realmente sé lo que los otros sienten, necesitan, quieren y dicen?

No podría contestar honestamente que "sí" a todas las preguntas. Yo sabía que podía mejorar en la forma en que siento hacia las personas que hacen parte de mi vida. Cuando regresé a mi cuarto, decidí cambiar mi recibidor interno y escuchar realmente a lo que la gente está tratando de decir.

2. TRATANDO DE IR AL MISMO RITMO CON LOS DEMÁS

Una de las mejores formas de empezar a practicar la simpatía es estando más abierto y sensible a las necesidades y diferencias de los demás. Los individuos exitosos tienen en cuenta los puntos de vista relativos, en lugar de los absolutos. El preludio a la simpatía es darse cuenta que cada ser humano sobre la tierra es un persona con iguales derechos para utilizar su potencial. Es comprensible que el color de la piel, ni el lugar de nacimiento, las creencias políticas, género, estado financiero, ni el grado de inteligencia, no sean la medida de valor ni para valorar a las personas. El camino hacia la comunicación es aceptar el hecho que todo ser humano es un individuo distinto y único –y pensar en lo bueno que es eso. No hay dos personas que sean iguales, ni siquiera los gemelos idénticos.

Somos únicos en las huellas dactilares, las de los pies e inclusive en el timbre de voz. AT&T, sabiendo que cada quien habla con un sonido de frecuencia inimitable por otra persona, está desarrollando el sistema de "huella de voz" que proveerá identificación instantánea confiable, electrónicamente. Citando su nombre audiblemente en un micrófono en una registradora o en un banco, su propia frecuencia de "huella de voz" será comparada con la que aparece en el sistema central de computación. Este sistema acaba con los malos cheques y las tarjetas de crédito robadas. Ni siquiera el mejor imitador puede falsificar la frecuencia de la voz de otra persona.

Hablamos a distintas frecuencias. Muchas veces escuchamos a la gente decir: "No vamos al mismo ritmo de conversación". Los seres humanos hemos estado tratando de estar en el mismo ritmo de la voz entre nosotros por muchos siglos. Es un poquito sorprendente que haya tanta discordancia en la vida familiar, social e internacional. Cada uno escucha un tambor distinto, ve con distintos ojos, y percibe a través de un filtro diferente. Sus decisiones son el resultado de un sistema de lectura computarizado único en su cerebro.

La simpatía es entender que un bus lleno de personas que van a casa desde su trabajo atravesando la ciudad, verá la escena desde un punto de vista enteramente diferente. Uno verá los edificios deprimentes y desbaratados. Otro verá un panorama ideal para construir un proyecto mejor desarrollado. Otro que va con su cabeza sumergida en sus propios problemas no verá nada. Y otra persona, con la vista bien puesta en escanear algún libro, encontrará la forma de ausentarse del gueto.

Es importante tratar de ver el mundo de los demás como ellos lo ven –y no como nosotros lo vemos. Una forma de hacer esto es viendo lo bueno en los demás, sin tener en cuenta lo distintos que parecen, ni su estilo de vida, ni lo particulares que son sus creencias con respecto a las nuestras. Buscando lo bueno en otros, usted está comunicando amor, que es el gran mensaje que todos más necesitamos.

3. CARTAS DE AMOR PARA SOBREVIVIR

La fecha de Valentine es para dar cartas de amor con enunciados sencillos de afecto. Me gustaría darle un Valentine para explicar tan fundamentalmente como sea posible, qué es realmente amor.

Una definición básica de amor, como verbo, es "valorar". Amor debería ser un verbo, no un nombre ni un adverbio. Amar es una emoción activa, no estática. El amor es una de las pocas experiencias en la vida que mejor podemos mantener, dando. Amar es el acto de demostrar el valor que tiene la otra persona, así como ver en ella todo lo bueno.

L—es por "listening" (escuchar). Amar a alguien es escucharle incondicionalmente de sus valores y necesidades sin juzgar.

O—es por "overlook" (pasar por alto). Amar a alguien es pasar por encima de los errores y las faltas en aras de buscar todo lo bueno en esa persona.

V—es por "voice" (expresar). Amar a alguien es expresar su aprobación por esa persona en forma frecuente. No existe un substituto para una voz de aliento sincera, que nos llame la atención y nos brinde admiración a la vez.

E—es por "effort" (esfuerzo). Amar a alguien es hacer un esfuerzo constante para dedicarle tiempo, hacer sacrificios, caminar la milla extra para mostrarle interés a esa persona.

En un capítulo anterior de autoestima, hablamos acerca de la necesidad de amarse a uno mismo antes de poder dar amor a otros. El amor requiere independencia y está basado en la habilidad de darnos a otros sin elegir, y no dependiendo de una necesidad. El verdadero amor es esa relación formada por dos individuos que tienen la habilidad de sustentarse entre sí separadamente. Sólo la gente independiente es libre para elegir quedarse dentro de una relación. La gente que es dependiente, permanece en una relación por alguna necesidad.

Como nos hemos convertido en una sociedad más dependiente y narcisista, motivada por el deseo de gratificación inmediata, mucha gente es menos capaz de expresarse mediante una comunicación espontánea e íntima. Aunque se han convertido en técnicos hábiles del acto sexual, los seres humanos tienen miedo de mostrar su vulnerabilidad inherente en la intimidad. A pesar del hecho que la información sexual es abundante, la calidad de la conducta sexual no ha mejorado mucho. Nuestras relaciones íntimas pueden hasta estar sufriendo bajo la hábil propaganda que promueve un comportamiento de cercanía y compromiso. Mientras que el sexo está en todas partes, la intimidad parece haber desaparecido. Irónicamente, el secreto de la intimidad, en ningún caso es difícil de aprender.

4. EL SEXTO SECRETO MEJOR GUARDADO PARA OBTENER EL ÉXITO TOTAL

En toda mi vida, he leído muchos libros de amor, del arte de amar y de la habilidad de amar. No creo que pueda recordar una mejor definición de amor que "una caricia vale tanto como mil palabras". Una de las escenas que me parece más dicientes es una pareja celebrando su aniversario de bodas de oro, tomada de las manos bajo la mesa mientras los meseros cantaban "¡Feliz aniversario para ustedes!"

No existen reglas de etiqueta para mantenerse en contacto con aquellos que realmente nos importan; sin embargo, aquí hay algunas ideas que han sido de mucho valor para mí:

- No debería pasar una mañana en que los primeros minutos no estén dedicados a satisfacerse mutuamente con palabras y acciones. Las primeras palabras que cada uno deberíamos decir cada mañana son: "Buenos días, te amo".
- Luego de completar las actividades diarias y la familia o la pareja se reencuentra, dedique los primeros minutos de saludo enteramente a la otra persona. Nunca salude a alguien con una pregunta tensionante o con una queja. No se olvide de las caricias. Relájese tan pronto como llega a casa. Sorprenda a su pareja con una tarjeta o recuerdo. Haga de cuenta que todavía está ennoviado. Busque siempre la forma de ver a sus seres amados. Si realmente quiere ser amado, primero tiene que ser amoroso. No existe tal cosa como amor exigido, o "¡Me prometiste hace diez años que siempre me amarías!" El amor es un intercambio diario y mutuo de aprecio.
- Las últimas palabras que deberíamos decir cada noche son: "Buena noche, te amo".
- Nada demuestra más claramente el aprecio como un toque físico. Utilice su sentido del tacto generosamente.

El sexto secreto mejor guardado para obtener el éxito total es que una caricia vale tanto como mil palabras.

Las caricias son la varita mágica de la intimidad. Amar es mantenerse en contacto.

5. TOME TIEMPO PARA ESCUCHAR

La intimidad, la caricias, la comunicación, todo esto toma tiempo. Los momentos más preciados que usted y yo podamos tener con nuestros hijos, son aquellos justo antes en que ellos se van a dormir en la noche. Muchas actividades ocurren al tiempo en una familia normal al inicio de la noche: la cena, las tareas, responsabilidades, video juegos, finanzas, reuniones, televisión, llamadas telefónicas, visitas, amigos y mascotas, como para nombrar algunas. Un poco sorprendente es que el promedio de los padres americanos invierten menos de siete minutos cada semana a solas con cada hijo, en un momento en que cada uno de los dos está totalmente receptivo. Los niños invierten más tiempo mirando televisión que comunicándose con sus padres o mejorando su nivel de educación. La relación de los americanos con sus hijos se conoce como él síndrome de los siete minutos semanales".

Lo que nuestros hijos no necesitan de nosotros es más consejos. Ciertamente, ellos no necesitan asistir a otro seminario sobre: "La sicología del ganador", conducido por sus padres. Cada uno de ellos se sabe el programa de memoria. Escribí un poema para tener presente lo que he prometido sobre las metas de comunicación con mis hijos.

Toma un momento para escuchar

Toma un momento para escuchar hoy
A lo que tus hijos quieren decir;
Escúchalos hoy, sea lo que sea que estés haciendo
O ellos no estarán para escucharte.

Escucha sus problemas y necesidades,
Felicítalos por sus pequeños triunfos, admira sus hazañas;
Tolera sus charlas, amplifica sus risas,
Averigua sus inquietudes y aquello que persiguen.

Pero diles que los amas, noche a noche
Y aunque los reprendas, asegúrate de abrazarlos;
Diles "todo está bien
Mañana será radiante".

Toma un momento para escuchar hoy
A lo que tus hijos tratan de decir;
Escúchalos hoy, sea lo que sea que estés haciendo
Y ellos volverán para escucharte mañana.

Ese poema contiene verdades y principios que he aprendido con dificultad. No siempre he sido un gran oidor. No siempre he tomado el tiempo suficiente para escuchar a mis hijos, ni para experimentar su mundo desde su punto de vista. Cuando mis hijos eran pequeños yo estaba ocupado tratando de escalar hasta la cima del éxito. Todavía no había aprendido de lo que realmente se trataba.

Yo solía escuchar a mis hijos con "medio oído". Estaba preocupado con los negocios o con mis metas, y fingía total atención. La única persona que engañaba era a mí mismo. Además tenía el hábito de comunicarme con ellos jugando a "¿Puedes mejorar lo que digo?" Cada vez que ellos me contaban algo realmente interesante sobre su mundo, o sobre uno de sus amigos, o los padres de sus amigos, yo difícilmente podía esperar a que ellos terminaran de contarme para superarlos con mis fantásticas experiencias. A veces, cuando ellos admitían que habían hecho algo estúpido o cometido un error, yo les respondía con un "¡Te lo dije!" Ellos admitían su vulnerabilidad y yo los regañaba por eso, lo cual los hacía dudar para volver a sincerarse en ocasiones futuras.

A medida que aprendí de mis errores, dejé de jugar eso de "¿Puedes mejorar lo que digo?" Esa clase de juegos no son para la familia ni para ninguna otra relación. Y aún escuchamos que estos juegos se practican a diario en los negocios y en las instituciones del mundo entero. En gran parte, la forma en que nos comunicamos en la vida adulta es el resultado de nuestra crianza. Nuestra habilidad o la falta de ella, para comunicarnos, es el resultado de nuestro ambiente familiar y todo comenzó cuando éramos niños. Nuestros padres, o nos nutrieron con amor o nos trasmitieron su rudeza.

6. LA COMUNICACIÓN VA DE ADENTRO HACIA AFUERA

No importa cuánto tratemos de enmascarar o esconder nuestros sentimientos, practicando juegos como "¿Puedes mejorar lo que digo?" no engañamos a nadie. No importa qué tan confiados o seguros de nosotros mismos tratemos de parecer, aún así proyectamos externamente la forma en que nos sentimos internamente. Por ejemplo, cuando no nos sentimos bien físicamente, no nos vemos bien a nivel superficial. De igual manera, cuando no nos sentimos bien emocional o mentalmente, no causamos un muy buena impresión con nuestra apariencia, el arreglo personal ni la conversación.

Un primer paso en la buena comunicación, es la buena apariencia. Es la forma de ganar la atención de la gente que es importante para nosotros lo suficiente como para proyectar nuestro valor interno, como un buen libro entre los miles disponibles en los estantes de las bibliotecas.

Como buenos comunicadores, usted y yo nos relacionamos con los extraños extendiendo nuestras manos en primer lugar, sabiendo que es la prueba de cortesía para brindarles nuestro respeto a los demás. Junto con un apretón firme, hacemos contacto visual y sonreímos abiertamente proyectando nuestro interés en la comunicación. Damos voluntariamente nuestro nombre cuando conocemos gente nueva y lo precedemos con un "Buenos días... Buenas tardes... Buenas noches", haciendo lo mismo durante una comunicación telefónica.

Una vez que nos presentamos, nos volvemos oidores activos que escuchan con simpatía. Entendemos que los oidores aprenden muchas cosas, mientras que los que hablan no aprenden nada".

Buscamos nuevos contactos y amigos. Hablamos fácilmente con extraños, los miramos cuando les hablamos o cuando les escuchamos. Escuchamos amplia y cuidadosamente, aunque de pronto discrepemos de lo que dicen.

Tratamos a la otra persona en igualdad de condiciones. Escuchamos al aparentemente débil e ignorante porque ellos también tienen su historia.

Hacemos preguntas sin imponerlas. Tratamos de encontrar cualidades especiales en los extraños y los valoramos sinceramente. Aprendemos a conocerlos permitiéndoles hablar de sí mismos.

Somos fáciles de entender y entendemos fácilmente a los demás. No asumimos cuál será la reacción de la otra persona hacia lo que decimos, ni tratamos de leer su mente.

Estamos confiados en conocer extraños porque entendemos que, sin importar lo segura que pueda parecer otra gente, casi todas las personas están ansiosas por conocer a alguien nuevo, por tener amigos o por desarrollarse personalmente. Somos conscientes que casi todo mundo tiene una tendencia normal a albergar un poco de temor al rechazo o a la explotación.

Cuando usted y yo estamos frente a un amigo en potencia, a un prospecto de negocio, o de alguien de nuestra familia, nuestra actitud es orientada hacia el servicio y no estamos enfocados en nosotros mismos. Cuando contamos con el interés sincero de otras personas, y no solamente con el nuestro, lo sentimos mutuamente. Los demás posiblemente no expresan con palabras por qué se sienten así, pero se sienten. Inversamente, la gente se siente incómoda cuando habla con alguien que sólo tiene en cuenta sus propios intereses en mente. Esa es la manifestación de la comunicación no verbal: "Lo que usted es habla tan fuertemente, que no logro escuchar lo que dice".

La lengua puede mentir, pero el cuerpo actúa instintiva, subconsciente y honestamente. Aprendimos en el segundo capítulo que el hemisferio izquierdo del cerebro conduce el proceso verbal de la comunicación, el hemisferio derecho está tanto enviando como observando las expresiones faciales, el lenguaje corporal, las inflexiones de la voz y otros "sentimientos" subconscientes. La gente telegrafía sus intenciones y sentimientos sin siquiera darse cuenta que lo hace. Por esa razón, usted y yo observamos y escuchamos a la "totalidad" de la persona.

Los comunicadores exitosos sabemos que todos los seres humanos escuchamos y vemos distintamente. Ya que tendemos a esperar de la gente lo que le damos, es mejor proyectarnos con ideas sencillas, constructivas y que brinden apoyo. Si queremos ser amados, necesitamos comunicarnos con un lenguaje positivo y agradable.

Las siguientes son algunas palabras que usted debería, ya sea abolir o agregar a su vocabulario en su diaria comunicación. Por favor, deshágase de las que están en la columna izquierda y substitúyales con las que aparecen a la derecha:

Palabras para olvidar	**Palabras para recordar**
Yo no puedo	Yo puedo
Trataré	Lo haré
Tengo que	Quiero
Debería	Lo haré
Podría	Mi meta
Algún día	Hoy
Si sólo	La próxima vez
Sí, pero...	Entiendo
Problema	Oportunidad
Dificultad	Desafío
Estresado	Motivado
Preocupado	Interesado
Imposible	Posible
Yo, mí, mío...	Tú, tu, tuyo...
Odio	Amor

7. LA FORMA DE ESCALAR "DESDE HASTA NUNCA"

Uno de los hombres más constructivos y "amables" que yo conozco es Joe Sorrentino. Nos conocimos en la cafetería de un hotel, luego de un productivo programa en el cual los dos participamos como conferencistas magistrales. Él fue el primero y yo el último. La suya fue la más difícil conferencia a la cual yo haya asistido porque fue presentada directamente desde el alma.

Él no debería haber sido una personalidad tan formidable en la plataforma –¡No con su historial juvenil! De hecho, él realmente no debería haber sido un conferencista magistral para la compañía "Fortuna 500", basado en los primeros veinte años de su vida. Su carrera inicial parecía algo más como "¿Quién es él?" en lugar de "¿Quién es quién?"

Hijo de un trabajador en salubridad de Brooklyn, creció en una vecindad en donde solamente era seguro ir a dar un paseo cuando la policía hacía su procesión anual – ¡y uno fuera marchando en ella! Se convirtió en un adolescente jefe de una pandilla y pasó tiempo sirviendo en una escuela reformatoria de Nueva York. Para enderezarse se unió al cuerpo de la Marina y terminó en una celda de seguridad reforzada en París Island, por delincuente e incorregible, antes de ser dejado en libertad.

A medida que Joe y yo conversábamos, me preguntaba cómo había logrado él darle un vuelco a su vida. El ambiente de su vecindario y el de su hogar no eran exactamente lo que llamaríamos ideal para construir un alto nivel de autoestima. Su padre le había dado su teoría de que los niños crecen para ser buenos o malos por sí mismos –es lo que tienen dentro lo que cuenta. Joe decía que en adición a preguntarse si había nacido para ser un "perdedor" (según la teoría de su padre), existía algo más con lo que él tenía que contender. Su padre siempre hacía comparaciones entre su hermano mayor y él. "Tu hermano nunca se mete en problemas", le decía, "y yo no tengo que gritarlo". Entre esas influencias tempranas y la presión de grupo de su vecindario, uno puede ver que Joe no estaba exactamente nutrido con semillas de grandeza.

Sorprendentemente, a pesar de toda la "cizaña" en su primera infancia, Joe Sorrentino es una de los seres humanos más exitosos y sensibles que yo haya conocido. Él siente que sus padres, por sobre todo, tuvieron un efecto positivo en su vida. Recuerda sus momentos de entender tanto como ahora, los días y las noches de frustración sofocante. Además, se acuerda vívidamente de "la influencia de su preocupada maestra, y de un palestino, el dueño de una bolera".

Joe Sorrentino ha contado sobre su increíble evolución y su paso de perdedor a vencedor en varios libros poderosos. Una de sus obras, *Desde hasta nunca* (*Up from never*) ganó un notable premio de la asociación American Library Association. En uno de sus libros más recientes, "La base de hormigón" (*"The Concrete Cradle"*), Sorrentino le da crédito a su cambio a la gente en su vida que se ocupó de él personalmente:

> *Durante largo tiempo fui un estudiante sin esperanza, hasta que conocí a Miss Lawsen, mi maestra de séptimo grado. Como resultado de su interés y confianza, me dediqué a aprender y eventualmente alcancé el mayor promedio de la escuela intermedia. Lamentablemente, la presión de grupo en la secundaria despertó nuevamente mi fuerza interna para inclinarme hacia la destrucción y la violencia callejera –peleando cada semana, perdiendo todas mis materias hasta que finalmente fui expulsado al final de mi penúltimo año antes de graduarme. Pero cuando regresé a la escuela secundaria nocturna a la edad de veinte años, tenía el recuerdo de Miss Lawsen y la aptitud académica que ella había alimentado en mí.* [10]

Joe Sorrentino, desacreditado a través de su juventud, cambió radicalmente su vida cuando se dio cuenta que su única oportunidad para sobrevivir era a través de la educación. Luego de graduarse de la escuela secundaria fue a la Universidad de California donde se graduó con gran honor. Para limpiar su mal crédito militar, Sorrentino volvió a enrolarse en el cuerpo de la marina y se convirtió en la primera persona en la Historia en darse de alta con honores, luego de haber sido expulsado previamente en unas condiciones menos que honrosas.

En 1967, Sorrentino se graduó como estudiante destacado por su liderazgo en la Escuela de Derecho de Harvard. Actualmente, él es un sobresaliente juez de una corte juvenil en Los Ángeles y enseña en la Universidad de Southern California. Además se convirtió en uno de los más solicitados conferencistas en América por su men-

10. Sorrentino, Joseph N., *La base de hormigón* (*The Concrete Cradle*) (Los Angeles: Wollstonecraft, Inc., 1975), p. 184.

saje de autodeterminación y sobre cómo combatir las enfermedades sociales de nuestro país.

Por todo lo que él aprendió personalmente de Miss Lawsen y un puñado de otros que le dieron el coraje e incentivo para cambiar su destino, ahora está dedicando su vida al cuidado de su propia familia y de cientos de jóvenes que ingresan en la corte cada año, buscando un rayo de luz en la oscuridad.

8. EL PODER DE LA INFLUENCIA PERSONAL

Hay ejemplos de la influencia personal por todas partes.

Frank Sinatra aprendió el magnífico control de su respiración cantando con el líder de su banda, Tommy Dorsey. Hellen Keller se convirtió en un personaje por Anne Sullivan. Platón aprendió de Sócrates. Jesse Owens acredita su triunfo del salto largo en los Olímpicos de 1936 a un consejo que le dio su máximo competidor alemán, Luz Long. En medio de la competencia, después que Owens había tropezado dos veces en el inicio, Long le dio a Owens una pauta sobre cómo corregir su punto de partida. El resultado fue el rompimiento de una marca con un salto de más de veintiséis pies, que permaneció más de veinte años.

Los artistas siempre han aprendido más de observar a otros artistas, que de tomar clases u observar la naturaleza. Usted y yo somos artistas maestros que tenemos la oportunidad de respirar colores y sombreados nuevos, de dar perspectiva a la vida de otros artistas que están luchando con sus oleos, brochas y lienzos. Recuerde en el pasado la gente que ha tenido la mayor influencia sobre usted. Posiblemente encontrará que ellos han sido gente que realmente se interesaron en usted –sus padres, un profesor especial, un socio de una empresa, un buen amigo— alguien que ha mostrado interés en usted. La única gente a la que usted influenciará en alto grado de importancia será la gente que a usted le importa. Cuando usted está con gente por la que usted se interesa, el interés de ellos —más que el suyo propio— estará más presente en su mente.

Nuestro éxito en tener buenas relaciones con otros y comunicarnos efectivamente con ellos depende únicamente de la habilidad para reconocer las necesidades que ellos tienen y en el interés para ayudarles a llenarlas. Algunos tratan de imponer sus ideas sobre los demás. Usted y yo usamos la luz para mostrarles el camino.

¿Recuerda la fábula de Esopo en la que el viento y el sol discutían sobre quién de los dos era más fuerte? El viento dijo: "¿Ves ese anciano allá abajo? Yo puedo hacer que se quite el abrigo más rápido que tú".

El sol estuvo de acuerdo en esconderse detrás de una nube mientras el viento soplaba formando una tormenta. Sin embargo, mientras más soplaba, más firmemente el hombre se envolvía su abrigo alrededor de su cuerpo.

Eventualmente el viento se dio por vencido y el sol salió de detrás de la nube y sonrió amablemente sobre el hombre. No mucho después, se secó la frente, se quitó el abrigo y continuó su paseo. El sol sabía el secreto: tibieza, amistad y un toque gentil son siempre más fuertes que la fuerza y la furia.

9. 10 PASOS DE ACCIÓN HACIA UNA MEJOR COMUNICACIÓN

9.1. Nunca es tarde para la comunicación. No espere por temor a lo que pueda ser la respuesta. Recuerde la última ley de Parkinson, "El vacío creado por fracasar en la comunicación será remplazado rápidamente por el rumor, la mala interpretación, las tonterías y el veneno".

9.2. En el proceso de comunicación, el conocimiento no siempre es equivalente a sabiduría; ni la sensibilidad es siempre precisión, ni la simpatía es comprensión. La simpatía es nunca asegurar algo hasta que usted haya "caminado una milla en los zapatos del otro".

9.3. Hágase absolutamente responsable en el proceso de comunicación. Como un buen oidor, responsabilícese de escuchar lo que otros están tratando de decir. Como expositor, tome la total responsabilidad de asegurarse que los demás entienden lo que usted está diciendo. Nunca deje a medias a nadie en sus relaciones. Dé siempre el 100%.

9.4. Mírese a través de los ojos de otras personas. Imagínese que usted es sus padres, o la persona casada con usted, o su hijo o empleado. Cuando usted entra en una habitación u oficina, ¿cuál cree que puede ser la primera impresión que usted causa? ¿Por qué?

9.5. Escuche y hable la verdad. No deje que los anuncios y las modas lo conviertan en una de las incontables víctimas de la codicia. Cuando usted vea o escuche algo que lo impresione, verifique la veracidad de la fuente. En lugar de escuchar lo que quiere oír, escuche los hechos del caso. Recuerde, todo lo que usted comunica es su opinión, basado en sus impresiones de fuentes limitadas. Expanda su banco de información basado en autoridades comprobadas en la materia.

9.6. Examine todo lo que escucha con una mente abierta. Sea lo suficientemente amplio como para analizar sin prejuicios, y tan analítico como para investigar y poner a prueba la integridad de la información.

9.7. Vea tanto el lado positivo como negativo de la situación, y busque el lado positivo.

9.8. Observe si cambia de "roles" fácil y apropiadamente, de ejecutivo de negocios a conductor amable, a padre, a amigo, confidente, amante, maestro.

9.9. Retírese del lienzo de su propia vida y observe la clase de gente que usted atrae y por la cual siente atracción. ¿Son de la misma clase? ¿Usted atrae ganadores? ¿Se siente atraído por gente que es más o menos exitosa que usted? ¿Por qué?

9.10. Desarrolle el toque mágico. Estire su mano para ofrecer ayuda hoy, mañana y cada día del resto de su vida. Hay una flor esperando para ser alimentada y un Joe Sorrentino esperando en la oscuridad.

10. PREGUNTAS ACERCA DE SU COMUNICACIÓN

10.1. ¿Sabe usted cómo lo ven los demás? ¿Está dispuesto a preguntar?

10.2. ¿Los demás se sienten mejor al lado suyo? ¿Qué hace usted para hacerlos sentir bien?

10.3. ¿Escucha más de lo que habla? ¿Con quién? ¿Con toda la gente? ¿O solamente con algunas personas?

10.4. ¿Proyecta lo mejor de sí consistentemente? ¿Específicamente cómo trata de hacerlo?

10.5. ¿Busca lo bueno en otros con una mente abierta? Liste algunos ejemplos recientes.

10.6. ¿Acaricia a la gente que ama? ¿Qué tan seguido?

7

LA SEMILLA DE LA FE
EL PODER DEL PENSAMIENTO POSITIVO

1. El séptimo secreto mejor guardado para obtener el éxito total.
2. Por qué está "nevando" en toda América.
3. Cómo rompió Arnold el record mundial en el levantamiento de pesas.
4. Estar bajo el efecto de las drogas– ¡naturalmente!
5. El incurable optimismo.
6. Por qué Lee Treviño siempre tiene suerte.
7. El inconveniente temporal de Larry.
8. "Todavía soy yo interiormente".
9. 10 pasos de acción con respecto al optimismo.
10. Preguntas acerca de su optimismo.

Cuando hablamos sobre fe –y creer— tenemos que referirnos al más grande de los libros jamás escrito y el mejor maestro de todos los tiempos en el tema. Él lo dijo todo cuando dijo: "Vete, y como creíste te sea hecho".

Este simple enunciado es de doble filo, como una espada de doble filo: La fe es la llave para abrir la puerta del éxito para todo ser humano. O es la llave que aprisiona y mantiene al ser humano lejos de experimentarlo alguna vez.

El doctor Ernest Holmes, quien dedicó su vida a enseñar esta gran verdad, lo explicó de otra manera: este es un poder que tiene cada persona, pero que sólo pocos usas conscientemente. Un individuo no posee este poder más que otro, ni en mayor grado. Todos lo tienen, desde que tienen vida y consciencia. La pregunta entonces no es: ¿tenemos el poder? sino ¿lo estamos usando correctamente?"

Como una fuerza positiva, la fe es la promesa de la realización de cosas que esperamos y que no vemos. Como una fuerza negativa, es la premonición de nuestros más profundos temores y oscuridad. Es sencillamente el remplazo de la fe, con la creencia opuesta a la desesperación.

1. EL SÉPTIMO SECRETO MEJOR GUARDADO PARA OBTENER EL ÉXITO TOTAL

Mucho se ha escrito a través de los tiempos y en los años recientes, relacionado con la profecía de la autosatisfacción. Mi viejo amigo S.I. Hayakawa se refiere a ella como a un enunciado que no es verdadero o falso, sino capaz de convertirse en cierto si se cree en él. Aprendimos en el primer capítulo sobre la creatividad, y que la imaginación de la mente no puede distinguir entre algo que es real y algo que es imaginado vívidamente. Por eso es que tener fe y creer son tan importantes.

El séptimo secreto mejor guardado para obtener el éxito total es que la vida es una profecía de autosatisfacción; usted no necesariamente obtiene lo que quiere en la vida, pero a largo plazo generalmente obtendrá lo que espera.

La ciencia y la religión son aliados muy cercanos en las implicaciones resultantes de los estudios del cerebro durante los pasados diez años. Aunque tenemos mucho que aprender en entender los mecanismos del cerebro y del sistema central nervioso, somos conscientes de la relación intrínseca entre psique y soma –mente y cuerpo. Hay una reacción definida en el cuerpo como resultado de los pensamientos e intereses de la mente. Lo que la mente guarda, el cuerpo lo manifiesta de alguna manera.

Por ejemplo, cuando nuestros temores y preocupaciones se convierten en ansiedad, sufrimos aflicción, la cual activa el sistema endocrino en el cuerpo y la producción de hormonas y anticuerpos cambia. El sistema inmunológico natural es menos activo y nuestro nivel de resistencia baja. Nos volvemos más vulnerables a las bacterias externas, a los virus y a otra clase de riesgos ambientales, que están siempre presentes.

En su provocativo y bien fundamentado libro, escrito varias décadas atrás, *La conspiración de Acuario* (*The Aquarian Conspiracy*), Marilyn Ferguson describe el dominio de la mente o su influencia indirecta en cada función del cuerpo, capacidad de escucha, respuesta inmune, hormonas, etc. Ella dice que sus mecanismos están ligados por una red de alarmas "y tiene una especie de genio oscuro, organizando desórdenes apropiados para nuestras imaginaciones más neuróticas"[11]. Yo siempre he hecho generalizaciones diciendo que las úlceras no son lo que usted come; son lo que lo está comiendo a

11. Ferguson, Marilyn, *La conspiración de Acuario* (*The Aquarian Conspiracy*) (Los Angeles: Tarcher, Inc., 1980) p. 253.

usted. Hay evidencia que algunas clases de asma son sicosomáticas, que están relacionadas más con relaciones asfixiantes como un amor muy especial ("asfixia" de amor), que con alergias externas. Además ha habido casos en que las fiebres altas y los ataques de asma has surgido porque el paciente estaba viendo fotos de una flor llamada "vara de oro" o sosteniendo una rosa de plástico.

Ferguson continúa para decir que cuando describimos cómo nos sentimos, podemos, sin darnos cuenta, estar pronosticando nuestro futuro. Por ejemplo, si decimos que nos sentimos "entre ojos" de alguien, o que cierta persona es "un dolor de cabeza", literalmente podríamos terminar con dolor de cabeza. Las emociones fuertes y la soledad asociada con lo que llamamos un "corazón roto", pueden llevarnos a una falla en el corazón. Además, parece existir un vínculo aparente entre "emociones guardadas" y el crecimiento de tumores y otras clases de cáncer. Un dolor de "cabeza agudo" puede presentarse en alguien que esté siendo jalado en direcciones opuestas. Y una "personalidad rígida" ha sido identificada como un factor en algunos casos de artritis. ¿Cómo es su estilo de vida diario y los pronósticos que hace al hablar, en lo que se refiere a su salud?

La fe es la casa de muchas creencias. Es tiempo de poner la casa en orden.

2. POR QUÉ ESTÁ NEVANDO EN TODA AMÉRICA

En el tercer capítulo hablamos acerca de responsabilidad e irresponsabilidad. Indicamos que muchos individuos en nuestra sociedad van por la vida al mismo nivel de inmadurez emocional que un adolescente. Para entender qué está pasando en América actualmente, necesitamos ser conscientes de la extensión a la cual nuestros adultos jóvenes han llegado a ser excesivamente dependientes del apoyo paternal. Hemos edificado una sociedad privilegiada, con más y más niños recompensados con bienes materiales y pagos como consecuencia de "estar ahí", en lugar de serlo por sus contribuciones en una sociedad competitiva y abierta. Los adultos jóvenes que están madurando hoy, quienes han sido guiados por sus padres y los medios a creer que "el dolor es inaceptable" y que "el estrés se cura en sesenta segundos", tienen dificultad conviviendo con los primeros desafíos y contratiempos. Ellos quieren encontrar relaciones amorosas verdaderas, pero el amor requiere independencia y autoestima. El resultado es el escape de la clase de compromisos y sacrificios que son necesarios en una comunicación honesta y profunda. La ruta de escape es a través de la promiscuidad sexual, donde los únicos riesgos son el embarazo y las enfermedades venéreas –riesgos que ellos parecen estar dispuestos a tomar— y el abuso de las drogas, que los estimulan artificialmente, sin que ellos tengan que hacer un esfuerzo por el sentimiento de recompensa.

Actualmente, sin importar la estación en la cual usted está leyendo este libro, hay una capa de nieve afuera. Está nevando en toda América –el nombre real de la "nieve" es cocaína.

Ese es nuestro nuevo símbolo nacional correspondiente al estado de "gratificación inmediata". Según unas cifras conservadoras, diez millones de individuos en los Estados Unidos usan cocaína regularmente, y por lo menos otros cinco millones han experimentado con ella. El uso de la droga se ha más que duplicado durante los últimos veinte años y no hay forma a la vista para corregirlo. Parece como un largo, frio y blanco invierno.

No estamos describiendo un adolescente, adulto joven, o fenómeno de un gueto. Está ocurriendo en su ciudad y en la mía, en la alta y mediana sociedad americana, en todas las edades. Los defensores de la cocaína dicen que es el mejor de dos mundos. Lo hace sentir acelerado por media hora o algo así con una aspirada y usted se calma sin necesidad de un cáncer, sin resaca al día siguiente, sin riesgos ni juegos divertidos. Bueno, no funciona así. Como usted y yo hemos aprendido, la ley de causa y efecto está siempre en funcionamiento. De acuerdo con Ronald Siegel, un sico-farmacólogo de UCLA, "las dosis extremas de cocaína encienden una especie de fuego en el cerebro". Con el uso crónico, la droga muestra efectos posteriores que pueden incluir depresión, insomnio y sicosis. La aspiración repetida también causa úlceras dentro de la nariz, que pueden perforar el tabique nasal requiriendo cirugía. Caer de las alturas puede causar tal depresión que la única solución inmediata es otra dosis de cocaína. El círculo vicioso ha comenzado.

Junto con mis buenos amigos, Art Linkletter y Zig Ziglar, he aprendido que se logra poco parándose en la plataforma y "predicar" contra los desastres que causa el abuso de las drogas. Vemos que entre más malas noticias usted esparza, más se vende. Dignificando el problema despotricando y rabiando acerca de qué está ocurriendo en América, creemos que ha hecho más mal que bien. Después de todo, la gente que consume drogas está tratando de escapar de todas las malas noticias en su vida. Más de lo mismo va a conllevar a más de lo mismo para ellos. Necesitamos educación combinada con una alternativa positiva para sus buenos pocos momentos. Ciertamente, ningún joven adulto ni adolescente va a escuchar a un miembro de una generación mayor, que desacredita las drogas mientras inclina su vaso en busca de sentirse realmente a gusto.

3. CÓMO ROMPIÓ ARNOLD EL RECORD MUNDIAL EN EL LEVANTAMIENTO DE PESAS

Era sábado, Noviembre Primero de 1980 y Arnold Lemerand estaba dando un paseo. Escuchó unos niños gritando y se apresuró a donde ellos habían estado jugando cerca de una obra de construcción. Un tubo de hierro se desprendió y rodó encima de los niños, aprisionando a Philip Toth, de cinco años, de edad contra el suelo. La cabeza del niño estaba forzada entre la tierra directamente debajo del enorme tubo y el niño estaba empezando a asfixiarse inminentemente.

Arnold Lemerand miró a su alrededor pero no había nadie para ayudarlo en el intento de rescatarlo. Él hizo lo único que pudo. Se agachó y levantó el tubo de 1.800 libras de encima de la cabeza de Phillip. Después del incidente, él intentó nuevamente levantar el tubo y no pudo ni moverlo. Sus hijos adultos trataron de moverlo, pero también fallaron.

En una entrevista posterior con Associated Press, el señor Lemerand, quien tenía 56 años en ese momento, dijo que él había sufrido un ataque cardiaco fuerte seis años atrás. "Yo trato de no levantar cosas pesadas", dijo sonriendo, con los brazos del niño alrededor de su cuello.

Hemos leído con frecuencia sobre fuerzas milagrosas que se aumentan, ¿no es cierto? Hemos sabido de abuelas levantando carros y bomberos haciendo rescates imposibles en medio de edificios incendiados, exhibiendo fuerzas sobrehumanas. Esa clase de historias me parecían un poco inverosímiles, ya que siempre he sido un hombre que verifico la fuente y compruebo el consejo que la gente me da hasta validarlo.

4. ESTAR BAJO EL EFECTO DE LAS DROGAS– ¡NATURALMENTE!

En años recientes, me he convertido en un creyente verdadero. No quiero decir en el sentido de una fe religiosa; yo recibí esa fe hace cerca de veinte años a diez mil pies, en la cabina de mando de un avión privado en que iba volando con Louis Evans Jr., pastor de nuestra iglesia presbiteriana de La Jolla en ese tiempo. Más recientemente, sin embargo, me he convertido en un creyente verdadero en la fuerza de la fe y lo que ella puede lograr.

Durante mediados de 1970 comencé a aprender sobre cómo la mente puede afectar el cuerpo y cómo nuestros pensamientos pueden darnos una alta motivación de manera natural o hacernos sentir enfermos. Yo estaba en Sarasota, Florida, sirviendo como presidente de The International Society for Advanced Education, una fundación formada para liderar científicos de la salud hacia el estudio de la Medicina preventiva y de los enfoques holísticos para lograr bienestar. La sociedad estaba patrocinando seminarios sobre la educación médica continuada, en cooperación con la Universidad de Pittsburgh, la Universidad de Nebraska, la Universidad Johns Hopkins, la Universidad de Harvard, y otras escuelas médicas.

En algunos de los seminarios, los presentadores describieron la investigación del doctor Avram Goldtein, director de la fundación para investigar sobre la adicción –Addiction Research Foundation de la Universidad de Stanford. Él y sus asociados sospechan la existencia de sustancias en nuestro cerebro, similares a la morfina y la heroína. En 1971 ellos localizaron áreas receptoras en el cerebro que actúan como "candados" para los que solamente estas sustancias desconocidas encajarían como "llaves". Junto con otros investigadores, que estaban trabajando independientemente en sus respectivos laboratorios, Goldstein descubrió que nuestro cerebro contiene esas "llaves" en forma de unas hormonas naturales. Algunas han sido identificadas, incluyendo la encefalina, la endorfina, la beta-endorfina y la dinorfina. Todas estas hormonas sirven como calmantes naturales, muchas veces más poderosos que la morfina. La beta-endorfina es ciento noventa veces más potente que la morfina.

Los científicos ya sabían que las hormonas juegan un papel importante en regular algunos de nuestros procesos biológicos. La adrenalina es la hormona que nos capacita para "luchar o escapar" frente al peligro o en respuesta a la necesidad de enfrentar un desempeño físico fuerte. La insulina regula el nivel de azúcar en la sangre. Ahora, estos últimos descubrimientos están mostrándonos que las hormonas como la morfina se producen en nuestro cuerpo para bloquear el dolor y darnos un estado de "euforia natural".

El doctor Robert Guillemin de Salk Institute en la Jolla, donde yo trabajaba, encontró dos de las hormonas endorfinas y, subsecuentemente, ganó el permio Nobel en Medicina por otro trabajo sobre hormonas. En una prueba, usando la endorfina proporcionada por Guillemin, investigadores japoneses inyectaron pequeñas cantidades de la hormona en catorce hombres y mujeres con intensos dolores de cáncer. Con una dosis, todos sintieron alivio a su dolor entre uno y tres días. En otro experimento, catorce madres embarazadas recibieron endorfina durante su labor de parto. Todas reportaron alivio inmediato y duradero, dando a luz bebés normales.

En 1978, un grupo de investigación de la Universidad de California hizo un descubrimiento interesante que pareció confirmar los hallazgos iniciales relacionados con las endorfinas. Usted ya conoce el "efecto placebo". (Placebo literalmente significa "complaceré"). El placebo es una sustancia inerte dada usualmente a voluntarios junto con drogas experimentales. Midiendo la diferencia en respuestas, tanto al impotente placebo como a las drogas experimentales, el efecto de la droga es puesto a prueba.

En un grupo de voluntarios a quienes se les acababa de extraer la muela del juicio, algunos recibieron morfina para aliviar el dolor, los otros recibieron placebo, del cual ellos pensaban que era morfina. Muchos de los que recibieron placebo dijeron que experimentaron un alivio dramático. Sin embargo, cuando una droga que bloquea los efectos de la endorfina les fue suministrada, el dolor retornó casi inmediatamente. La prueba confirmó algo que es muy importante de entender. Cuando se suministra un placebo, y el individuo cree que se va a aliviar, el cerebro libera químicos para sustanciar la creencia. En mi apreciación, el efecto del placebo es un acto de fe.

Si nuestros pensamientos causan que el cerebro libere adrenalina de las glándulas suprarrenales para ayudar a un paciente de 56 años que tuvo un infarto, a levantar un tubo de 1.800 libras de la cabeza de un niño; y si nuestros pensamientos pueden producir endorfinas naturales que son cincuenta a ciento noventa veces más poderosas que la morfina, ¿no es posible para nosotros utilizar el poder de la fe en nuestra vida diaria, con el único efecto secundario de ser feliz?

Cuando la gente me pregunta por qué soy tan optimista y alegre en la vida, yo les digo: "Estoy drogado con endorfina".

Ellos dicen: "Era de esperarse. ¡Sabíamos que andabas en algo!"

5. EL INCURABLE OPTIMISMO

El optimismo es una condición incurable en la persona con fe. Los optimistas cree que la mayoría de las enfermedades, angustias, disfunciones y perturbaciones se pueden curar. Los optimistas también están orientados hacia la prevención. Sus pensamientos y actividades están enfocados en el bienestar, salud y éxito.

Si usted no tuvo la oportunidad de leer *Anatomía de una enfermedad, tal como la percibe el paciente: reflexiones sobre la curación* (*The Anatomy of an Illness: As Perecived by the Pacient*), mientras fue un bestseller un par de años atrás, le recomiendo que lo haga. Fue escrita por el primer editor de "*Saturday Review*", Norman Cousins, quien fue hospitalizado en 1964 con una enfermedad agobiante y extremadamente rara. Cuando la medicina convencional falló en mejorar su condición y él estaba diagnosticado con una enfermedad incurable, Cousins salió del hospital. Estando consciente de los efectos peligrosos que las emociones negativas pueden tener en el cuerpo humano, Cousins analizó que lo opuesto también debía ser cierto. Él decidió dedicarse a volver a estar bien otra vez.

Pidió prestado un proyector de cine y prescribió su propio plan de tratamiento, consistente en las películas de Marx Brothers y las repeticiones del programa "Candid Camera". Él estudió todos los aspectos de su enfermedad y con la ayuda de su médico, aprendió lo que tendría que ocurrir en su organismo para estar bien nuevamente. En su libro él cuenta que "hice el descubrimiento más agradable que consistió en que diez minutos de risa genuina me darían al menos dos horas de sueño libre de dolor". Lo que había parecido una enfermedad celular progresivamente debilitante, se estaba reversando y con el tiempo, Cousins estaba casi completamente recuperado. Después que la historia de su victoria personal apareció en el diario New England Journal of Medicine, él recibió más de tres mil cartas de destacados médicos de todo el mundo. Treinta y cuatro escuelas médicas han incluido su artículo en sus materiales de instrucción y en 1978, Norman Cousins ingresó a la escuela médica de UCLA.

6. POR QUÉ SIEMPRE LEE TREVIÑO TIENE SUERTE

Entre mis héroes personales está Lee Treviño, uno de los ganadores de dinero de todos los tiempos, en el tour PGA. En todas mis conferencias, en todos los seminarios, y en todos mis libros anteriores, nunca he dejado de mencionar algo que Lee Treviño haya dicho o hecho, que me ha inspirado o hecho sentir mejor.

En ese día fatídico cuando él y otros dos golfistas profesionales fueron golpeados por el alumbrado, después que él se paró del suelo dijo: "Vaya, prometo Señor que pondré mis cosas en orden". Cuando un médico le dijo que no debería tratar de jugar en el abierto de los Estados Unidos porque su gripa podía empeorar, su respuesta fue: "Puede mejorar... ¡puede hasta ganar!" (Quedó de segundo).

De niño, Treviño había sido cadi en San Antonio, Texas; él habla cariñosamente de su posición financiera entonces: "Éramos tan pobres cuando yo era un niño; si mi madre le tiraba un hueso al perro, y el hueso tenía algo de carne, el perro tendría que alcanzarlo". Continuó diciendo: "Yo era un mejicano pobre, pero ahora ellos creen que soy un español rico".

Como tuve la oportunidad de jugar en el mismo cuarteto con él en el pro-am en uno de los torneos abiertos de golf de Andy Williams en San Diego, del cual fui un instrumental para beneficiar el desarrollo del instituto Salk Institute for Biological Studies. Treviño estaba tan confiado acerca de su habilidad de sacar y colocar la bola, que acostumbraba a hacer apuestas con su cadi sobre qué tan cerca al pin él llegaría, o si llegaría a hundir un putt largo. A medida que él y su cadi se aproximaban a la grama, él negociaría: "Te daré mil dólares si no la saco de la trampa a tres pies del pin; y si lo logro, le habrás dado a mi bolsa de golf un vuelta gratis. Su cadi contestó incrédulamente: "¿Usted cree que estoy loco? ¿Qué clase de números son esos?"

Cuando le preguntaron cómo creía que le iría en el abierto de Canadá, él contestó: "¿Estás bromeando? ¡Ese es mi torneo!" Ese año, un espectador ebrio que quería desesperadamente tener el autógrafo de Treviño, saltó en el riesgoso hoyo de agua en el hoyo final, y comenzó a nadar a través del lago hacia la grama. Era obvio para todos que él no estaba en condiciones de lograrlo. Lee Treviño dejó de estudiar su jugada, caminó calmadamente hasta el lago, sacó el borracho, le dio un empapado autógrafo, corrió de regreso y hundió su putt ¡para ganar su tercer abierto canadiense en cuatro años¡

Algunos piensan que Treviño ha sido afortunado. Usted y yo entendemos mejor. La suerte aguarda en la intersección entre la preparación y la oportunidad. Ya que la oportunidad siempre está disponible, los individuos que están preparados especialmente siempre parecen ganar o alcanzar sus metas. La gente que no está preparada racionaliza su fracaso diciendo que es "un golpe de mala suerte", al mismo tiempo que etiquetan al ganador de "suertudo". Lee Treviño es uno de esos individuos "suertudos" que estaba entre los mejores golfistas mejor preparados para jugar, con una fe tan fuerte que iba más allá de sí mismo. Él es el optimista más incurable que yo he conocido.

7. EL INCONVENIENTE TEMPORAL DE LARRY

Otro optimista incurable es Larry Robb. A finales de 1960 él era uno de los corredores de bolsa más exitosos en Texas. Yo lo conocí en La Jolla y desde ahí congeniamos. Él era un pensador y hacedor tan positivo como no se lo puede imaginar. Larry tenía buen aspecto, con gran sentido del humor, mente incisiva, ganando por encima de cien mil dólares al año, y para rematar, tenía una esposa amorosa y una linda familia. ¿Qué más podía esperar y desear un hombre?

Larry y yo volamos de Dallas a San Diego un día de invierno y estuvimos discutiendo su extraña habilidad para hacer dinero en el loco mercado de la bolsa. Cuando le pregunté su secreto, él sonó más como Will Rogers que como un portento de chico. "Yo las compro a precio bajo y las vendo antes que suban o a medida que suben". "¿Qué pasa si no suben o si suben y se caen de la cima?" Le pregunté. "Yo no hago esos tratos", me dijo guiñándome el ojo.

Le dije que me gustaría hacer algo de ese dinero tan enorme y rápido, de la manera que él lo hizo. Él me dijo que si le daba mil dólares para invertir, me daría tres mil en seis meses. Él se animó y me dijo que invirtiera cuatro mil dólares con él, los cuales él convertiría en diez mil dólares en doces meses. Yo avergonzadamente le pregunté qué podía hacer con cuatrocientos dólares. Él se rió y estuvo de acuerdo en que eso no cubriría ni los gastos para ir con mi familia a esquiar por una semana a Lake Tahoe. Los dos amábamos esquiar y pescar y yo envidiaba el hecho que él iba camino a Montana la semana siguiente en un largo y deseado viaje.

Yo no escuché sobre el accidente del avión sino hasta una semana después que ocurrió. Su vuelo chárter se quemó después del impacto y Larry sufrió quemaduras en tercer grado en la mayor parte de su cuerpo. Posteriormente me contó que tuvo la posibilidad de hacer como si estuviera entre la nieve. ¿Se quedaría él calmadamente dejando que la naturaleza siguiera su curso o trataría de pararse de alguna manera y encontrar ayuda? Su cirujano me dijo que la severidad de sus quemaduras le daba la posibilidad de vida, de una en mil.

La fe nunca deja de sorprenderme. Larry recordaba el nombre del doctor Charles H. Williams, jefe de Anestesiología en el hospital Saint Joseph en Houston, y lo llamó. El doctor Williams notificó al doctor Thomas Biggs, un amigo de Larry y médico en cirugía reconstructiva, también en Houston. El doctor Biggs, se quedó en el teléfono durante las siguientes horas, dando instrucciones de cómo mezclar y administrar las proporciones exactas de los fluidos críticos del cuerpo que mantendrían vivo a Larry. El doctor Williams voló a Montana en un vuelo chárter en un jet Lear y trajo a Larry a Houston, corriendo en contra del reloj. Fue todo un corre-corre por algunas semanas.

Mi primer contacto personal con Larry fue por teléfono. No olvidaré nunca en mi vida lo que él me dijo cuando contestó el teléfono al lado de su cama.

¿Eres tú, Denis? "Escuché un tono familiar pero con un deje distinto.

"¿Cómo te va Larry?" le pregunté con vacilación.

"Me va muy bien, amigo", dijo la voz al otro lado de la línea; "He tenido un pequeño inconveniente temporal aquí que me ha retrasado por un tiempo, ¡pero no hay problema!"

Me tragué el temblor de mi voz y le dije que lo llevaba en mis oraciones y que lo estaría llamando.

Pasaron algunos meses antes que yo lo llamara nuevamente. Me sentí culpable por enviarle tarjetas en lugar de contactarlo personalmente. Este era un buen amigo, cerca a la muerte, y yo estaba demasiado ocupado para tratar de llevarle un poco de apoyo en su mundo estéril. Su conversación casi me sacó de mi silla.

"Ya puedo hablar un poquito más claramente ahora", me dijo; "me extrajeron el tejido cicatrizal que se estaba formando alrededor de mi boca. Ya estoy finalmente en mi trabajo. Organicé mi oficina aquí en el hospital con una línea telefónica de entrada y salida, para poder hacer ventas en una línea y a la vez seguir recibiendo llamadas en la otra".

Todo lo que pude hacer fue preguntarle cómo iban los negocios. Él me dijo que iban un poquito lentos porque estaba vendiendo a base de sus habilidades; aunque al inicio de sus llamadas, muchos de sus negocios se dieron como resultado de compasión.

"Yo sabía que la compasión no duraría más de un par de semanas", me dijo; "he aprendido a seguir las tendencias ya que no puedo vender acciones basado en mi buena apariencia solamente". Tan incómodo como podía llegar a ser, me estaba riendo de eso con Larry.

8. "TODAVÍA SOY YO INTERIORMENTE"

Para cuando vi a Larry en persona, él ya había pasado por más de sesenta operaciones. Aún después de un año, fue muy difícil mirar a mi amigo a la cara. Él se había quemado mucho más severamente de lo que yo imaginé. Pero al escucharlo hablar sobre eso, usted habría pensado que se quemó sus dedos ¡haciendo una barbacoa en el patio! Fui al terapeuta con él y lo vi pasar por el gran dolor de un estiramiento, doblamiento y masaje de sus dedos, para que pudiera moverlos apropiadamente y volver a ubicarle los tendones en la dirección correcta.

Cuando él me vio dudar para hablarle cara a cara, me dijo: "No te preocupes, todavía soy yo internamente... sólo que hay una construcción temporal en la superficie". Me dijo que si uno tenía fe y realmente se conocía "de adentro hacia afuera", no se sentiría desilusionado cuando algo inesperado viniera a asustarnos "de afuera hacia adentro". Él dijo que era difícil para la gente en su ciudad natal enfrentar esa situación. Para hacerlo más fácil para el público, cuando él estaba pasando por los dolorosos injertos y reconstrucción plástica, usaba una máscara de esquiar en su cara en restaurantes, bancos, y almacenes. "Aún así se me quedaban mirando y se reían", dijo. "Pero era más curiosidad que repulsión como era antes. Además", continuó, "¡la máscara de esquiar me mantenía motivado para volver a estar en forma para lanzarme a esquiar en las pendientes! Me imagino cómo reaccionaron los cajeros del banco la primera vez que lo vieron entrar sin su máscara puesta.

Este era un hombre joven, con todo a su favor, cuando repentinamente su mundo literalmente se encendió en llamas. ¿Por qué no estaba él destruido y acabado? Pensé en los miles de jóvenes que acaban con su vida cada año porque están deprimidos por su inhabilidad de ajustarse al cambio. Pensé en las miles de quejas que he escuchado en mi vida de gente que es sencillamente miserable. Pensé que ya que la miseria ama la compañía, la razón por la cual mucha gente refunfuña tanto acerca de sus condiciones en el mundo es porque ellos, subconscientemente, quieren arrastrarnos al resto hasta su nivel de miseria.

Larry me mostró orgullosamente la forma en que los doctores le reconstruyeron sus piernas. Le hicieron trasplantes de tejidos de otras partes de su cuerpo de las pantorrillas y los muslos. Aunque todavía estaba caminando con la ayuda de un bastón cuando lo vi por primera vez, pronto lo descartó a medida que fue fortaleciendo su pierna, después de horas y horas de entrenamiento en bicicleta. Hoy Larry Robb ha vuelto a estar normal. Increíblemente, él tiene uso total de sus manos y piernas –hasta va a esquiar— y es uno de los corredores de bolsa más exitosos de Texas.

De regreso a San Diego, miraba por mi ventana y trataba de comprender su increíble actitud. Él pensaba que si uno nació con dificultades, sería muy difícil mantener la fe. Pero su creencia era que, ya que había nacido saludable, en América, con una fe espiritual fuerte, él no iba a dejar que un accidente lo desalentara. "Es mucho más fácil volver a ser quien tu sabes que eres", me acababa de decir antes que yo partiera, "que convertirse en alguien que uno mismo no conoce".

El siguiente año tuve la oportunidad de aplicar lo que Larry me enseñó sobre la fe. Nuestra casa en la montaña de La Jolla se quemó y perdimos todas nuestras posesiones materiales. Lo importante fue que no se perdieron vidas. Hasta el pez y las dos tortugas, Lightining y Sreak, se salvaron.

A medida que fuimos recibiendo las condolencias, comencé a imaginar la estructura con una cocina nueva, walking closets, y un cuarto de juego para los niños. Hasta hoy, cada vez que el infortunio golpea, no logro encontrar más que decir que, "No hay problema, estamos frente a un pequeño inconveniente temporal".

Gracias, Larry.

9. 10 PASOS DE ACCIÓN CON RESPECTO AL OPTIMISMO

9.1. Vuele con las águilas. No vuele en círculo con los Henry Penny que alzan la vista cantando, "¡El cielo se está cayendo!" El optimismo y el realismo van juntos. Son los gemelos que ofrecen soluciones. El pesimismo y el cinismo son las peores compañías. Sus mejores amigos deberían ser individuos del estilo de "no hay problema, es un pequeño inconveniente temporal". A medida que usted ayuda diariamente a otra gente en necesidad, también desarrolla un círculo interno de asociaciones cercanas en las cuales la atracción mutua no es compartir problemas o necesidades. La atracción mutua deberían ser los valores y las metas.

9.2. Si usted se deprime, visite algunos de estos cuatro lugares: un hospital de niños, un hogar de retiro de ancianos, el pabellón de quemados de un hospital, o un orfanato. Si ver gente en peores condiciones que usted, lo deprime más, tome el camino positivo. Dé un paseo por un parque donde haya niños jugando y riendo. Contágiese de su espíritu de alegría y aventura. Dirija sus pensamientos hacia ayudar a otros y renovar su fe. Visite su iglesia o sinagoga. A veces un cambio de lugar puede cambiar sus pensamientos y sus sentimientos.

9.3. Escuche música animada e inspiradora. Cuando usted se está alistando para ir al trabajo o la escuela, busque una buena estación. Aléjese de las noticias matutinas. Puede abreviarlas escaneando las sección financiera de la portada de los periódicos. Le informará sobre todo lo que usted necesita saber acerca del efecto que tiene en su vida la situación nacional e internacional. Lea las noticias locales que le interesen para su profesión y vida familiar. Resista la tentación de perder el tiempo leyendo los detalles sórdidos de las tragedias de alguien más. Escuche música y CDs en su carro. Si es posible, desayune y almuerce con un optimista. En lugar de sentarse frente al televisor por la noche, invierta tiempo escuchando y compartiendo con sus seres amados.

9.4. Cambie su vocabulario. En lugar de decir "estoy muy cansado", exprésese diciendo "estoy relajándome después de un día muy activo". En lugar de decir, "¿Por qué no hacen algo al respecto?", diga "Yo sé lo que voy a hacer". En lugar de decir algo apasionado acerca del grupo, trate de expresarle admiración a alguien dentro de este. En lugar de "¿Por qué yo, Señor?" conviértalo en "Pruébame, Señor". En lugar de "El mundo es un desastre", diga "Estoy poniendo mi casa en orden".

9.5. "Recuerde la langosta". En algún momento en el crecimiento de la langosta, ella se deshace de su caparazón protector y se hace vulnerable a todos sus enemigos. Esto continúa hasta que su nueva "casa" crece. El cambio es normal en la vida. Con todo cambio viene lo desconocido e inesperado. En lugar de meterse entre una caparazón, vuélvase vulnerable. ¡Arriesgue! Busque en su interior la fe en las cosas que no ve.

9.6. Motívese. En lugar de decir: "El alivio está a sólo un paso", diga: "la fe me hará atravesar el camino". La gente con la que usted se asocia, los lugares que frecuenta, las cosas que escucha y ve, están todas grabadas en sus pensamientos. Como la mente le dice al cuerpo cómo actuar, piense en los más altos y mejores pensamientos que pueda imaginar. Cuando le pregunten por qué está tan optimista, dígales que está "drogado". ¡Está usando sus endorfinas¡

9.7. Envuélvase en recreación y educación positivas. Seleccione programas de televisión especializados en las maravillas de la naturaleza, salud familiar y enriquecimiento cultural. Seleccione las películas y los programas de televisión, por la calidad y valor de la historia, más que por su apariencia comercial.

9.8. Visualice, piense y hable bien de su salud. Use conversaciones positivas con usted mismo cotidianamente. No se centre en dolencias como dolor de cabeza, gripa, cortadas, raspones, dolores musculares, distensiones y abrasiones menores. Si les presta demasiada atención a estas cosas, ellas se lo agradecerán convirtiéndose en sus mejores amigas, viniendo frecuentemente a saludarlo. Lo que alberga la mente, se manifiesta en el cuerpo. Esto es especialmente importante cuando usted está criando sus hijos. Enfóquese en el bienestar familiar y piense en la salud como el medio ambiente habitual de su casa. He visto más enfermedades sicosomáticas en hogares donde los padres consienten y asfixian con asuntos inadecuados para su salud y bienestar, que en otra clase de familias. Creo en las precauciones saludables y la sana práctica médica. También creo que sus mejores o peores asuntos pasarán pronto.

9.9. Llame, visite o escríbale a alguien en necesidad, cada día de su vida. Demuestre su fe trasmitiéndosela a otras personas.

9.10. Convierta el domingo en su día de "buena fe". Entre en el hábito de asistir a la iglesia, escuchar y compartir. De acuerdo con estudios recientes sobre el abuso de la droga entre los jóvenes y adultos jóvenes, hay tres aspectos importantes en la vida de esos individuos que no usan drogas de ninguna clase: las creencias religiosas, las relaciones familiares, y la alta autoestima.

10. PREGUNTAS ACERCA DE SU FE

10.1. ¿Espera usted tener éxito? ¿Qué se dice a usted mismo?

10.2. ¿Se considera una persona saludable o "no tanto"? ¿Qué está haciendo para permanecer en buen estado físico?

10.3. ¿Tiene usted suerte? ¿Por qué? Evalúe algunas experiencias recientes. ¿Qué tanta "suerte" tuvo? ¿Qué tan preparado estaba?

10.4. ¿Le cuenta a la gente sus problemas? ¿Por qué?

10.5. ¿Se alegra o se deprime con sus pensamientos? Piense en algunos ejemplos recientes.

10.6. ¿Lo ven los demás como alguien optimista? ¿Cuáles de estos enunciados usaría?

"El vaso está medio lleno o medio vacío".

"Está parcialmente nublado o parcialmente soleado".

8
LA SEMILLA DE LA ADAPTABILIDAD
CONVIERTA LOS PROBLEMAS EN OPORTUNIDADES

1. El octavo secreto mejor guardado para obtener el éxito total.
2. De rocas tambaleantes a piedras de cimiento.
3. La necesidad –madre del helado de cono.
4. El nacimiento del perro caliente.
5. Las oportunidades del Monte Santa Helena.
6. Motivación: las dos caras del estrés.
7. Cómo adaptarse y tener una vida más larga.
8. Enfóquese en su salud y su felicidad.
9. 10 pasos de acción hacia la adaptabilidad.
10. Preguntas acerca de su capacidad para adaptarse.

Estos son tiempos difíciles. Muchas personas esperan el momento oportuno y esperan que el futuro los favorezca con perspectivas deslumbrantes. Otras retrasarían dichosas las manecillas del reloj a los "viejos buenos tiempos" en que el costo de un corte de cabello era mínimo, cuando el aire era limpio, y la vida era descomplicada y más fácil de disfrutar.

En la actualidad, si usted toma un periódico y comienza a leer, va a encontrar algo como esto:

"El mundo es demasiado grande para nosotros. Muchas cosas están ocurriendo, excesivos crímenes, violencia y agitación. Intente como pueda no quedarse atrás, a pesar de sí mismo. Es una tensión incesante, mantenerse al ritmo... y aún así, perder control. La ciencia arroja todos sus descubrimientos sobre usted tan rápidamente que lo deja estupefacto frente a ellos conmocionado. Las noticias del mundo político ocurren tan velozmente que usted se queda sin aliento tratando de mantenerse al día sobre quién entra y quién sale. Todo produce alta presión. ¡La naturaleza humana no puede soportar por mucho tiempo más!"

La sección editorial de este periódico está escrita como si hubiera sido la semana pasada o anoche. Pero realmente parece que fuera de más de ciento setenta y cinco años, en Junio 6 de 1833, en el "Atlantic Journal". Eso era en los "viejos buenos tiempos".

¿Qué significa para usted y para mí? ¿Qué podemos aprender de esto? Yo creo que este artículo editorial, tan sencillo y desolador de hace un siglo y medio, nos enseña uno de los secretos del éxito.

1. EL OCTAVO SECRETO MEJOR GUARDADO PARA OBTENER EL ÉXITO TOTAL

Cuando hablo frente a estudiantes en asambleas y ceremonias de graduación por toda América, me encanta decirles cómo es realmente allá afuera. La nueva generación, destinada a ser líder del futuro no puede creerme cuando le digo que no nos vamos a "derretir" o a "explotar". Yo les digo que son los pioneros más afortunados de nuestra historia y que los cambios que ellos presenciarán serán mayores en uno de sus años, que los que vieron "nuestros abuelos" durante su vida entera. Sus ojos se les quieren salir cuando les cuento sobre los "buenos tiempos", que realmente no lo fueron tanto.

Estas buenas viejas épocas de las cuales les hablo a los adolescentes americanos, son acerca de los días de la Primera y Segunda Guerras Mundiales, tanto como la Guerra de Corea. Les hablo sobre el momento del siglo en que los caballos se morían del cólera en las calles de Nueva York. Les digo de cuando los años maravillosos en que acostumbrábamos a bañarnos en platones grandes, usando agua que se calentaba en estufas de carbón o leña. En esos viejos buenos tiempos, nos bañábamos en la misma agua en la que se habían bañado otros antes. Si usted estaba después de su tío y el destino permitía que él fuera un cuidador de cerdos, en lugar de quedar sucio alrededor del anillo del cuello, ¡ usted quedaba sucio el cuerpo entero!

Yo les cuento a nuestros adolescentes y jóvenes adultos sobre estas mismas épocas, con polio, difteria y fiebre escarlata. ¡Ellos ni siquiera han escuchado de Jonás Salk! Cuando les digo que no podíamos hacer parte de la comunidad en una piscina o en un cine en medio del verano, durante las décadas de 1940s o comienzos de los 1950s, por temor de contagiarnos y quedar paralizados o torcidos, o morir de polio bulbar, ellos ni siquiera pueden comenzar a comprender de lo que estoy hablando. Ellos tampoco han escuchado sobre la calcomanía A, B o C, en el vidrio panorámico del carro, para comprar unos pocos galones de petróleo al mes, durante el racionamiento de este combustible.

Los chicos se ven desconcertados cuando les muestro los titulares en el "Boston Globe", con fecha Noviembre 13 de 1857, los cuales dicen: "Se avecinan crisis energéticas". Los subtítulos dicen: "¿El mundo va a oscuras? ¡Grasa de ballena escasea!" Les describo todo ese escenario de los típicos niños americanos que recogieron el periódico en ese congelado día de Noviembre, sorprendidos con esos titulares. "Oye Martha", debió gritar el hombre a su esposa, "¿viste los periódicos? ¡Tenemos la peor crisis energética de la Historia!"

Los chicos comienzan a entender que hay mucho énfasis en qué está mal en nuestro mundo. La forma en que sus padres, profesores y amigos se están quejando pareciera como si las cosas fueran de mal en peor. Ellos me preguntan sobre la devastación y las plantas de energía nuclear. Mi respuesta es honesta. Los japoneses están confiando fuertemente en la energía nuclear y la antigua Unión Soviética genera cerca del 60% de su energía de plantas nucleares. Yo mismo estoy buscando la forma de una fusión láser, más que de una fisión nuclear, la cual causa más daños inherentes. Además creo en lo que el reportero del clima, Paul Hervey, dijo sobre nuestra perspectiva sobre la energía: "Habiendo sido la silla eléctrica el primer producto que usó electricidad, todos estaríamos nerviosos de conectar nuestras tostadoras". A medida que miramos la Historia, siempre encontramos lo peor y lo mejor de los tiempos. Todo depende de lo que estamos buscando.

¡El octavo secreto mejor guardado para obtener el éxito total es que los buenos viejos tiempos son hoy y ahora!

La mayor razón por la que los "buenos viejos tiempos son aquí y ahora" es tal secreto, que mucha gente vive en sus problemas actuales y recuerda lo bueno que vivió en el pasado. Otra razón importante por la cual este es un secreto tan bien guardado, se debe a que la mayoría de la gente no aprende de la Historia, que los problemas son normales. La razón más importante, sin embargo, es que la mayoría de la gente juega a que la situación de hoy es tan mala, que de esta forma justifica su propia falta de productividad y de metas cumplidas.

Cada generación se lamenta sobre su posición en la Historia, argumentando que la suya es la más presionada y bajo la cual las circunstancias son más difíciles. Quejándose del mundo cruel y metiendo sus cabezas en la arena, ellos realmente nunca tendrán que arremangarse y solucionar sus problemas, sino que pueden achacárselos a sus mayores y al gobierno, persiguiendo la nueva diversión americana –"Chivo expiatorio"— que es un juego que consiste en que todos corren y se esconden tratando de encontrar a alguien dispuesto a ser "el ganso".

En todas mis conferencias y seminarios para la juventud, les digo a nuestros líderes del mañana que los buenos viejos tiempos son ahora porque estos son los días de nuestra vida. Este es el único momento en la Historia en el que estaremos viviendo. Este es nuestro tiempo. Yo no les hablo de espectáculos color de rosa o de fantasías de colores. Yo no les doy una sobredosis de "Pollyanna". Yo les hablo de lo inevitable del cambio.

Nuestros atletas de once y doce años están rompiendo las marcas olímpicas establecidas durante la generación de nuestros padres. Todos los días en el club Mission Viejo Swim Club del Sur de California, nuestros jóvenes nadadores sobrepasan el desempeño del ganador de la medalla de oro, Buster Crabbe, (el primer Tarzán del la pantalla), en las olimpiadas de Los Ángeles en 1932. Nuestros jóvenes, tanto niños como niñas, crecen más altos, saludables e inteligentes. Dentro de cinco años, o las reglas o el juego del basquetbol tendrán que cambiar para hacer el juego más desafiante nuevamente. Está comenzando a volverse monótono ver a diez gigantes saltando por las canchas con la pelota como mejor les parece y sin dificultad.

La gente joven en mi audiencia siempre me pregunta qué vamos a hacer para obtener energía cuando el petróleo se haya terminado. Yo les digo que mi propia generación se ha convertido más en esclava de la tecnología que en maestra de ella. Yo admito que en sólo pocas décadas hemos utilizado más de la mitad de las reservas de los fósiles, la cual tomó millones de años para conformarse. Mi generación ha ignorado el pasado y descartado el futuro, pero finalmente nos hemos concientizado de ello. Tendemos a esperar hasta que estamos enfrentando una crisis, para actuar. En lugar de planes a largo plazo, ¡hemos estado actuando como bomberos!

Ahora que la crisis energética es aguda y tenemos puestos nuestros gorros de bomberos, estamos comenzando a buscar soluciones. En el futuro previsible, el uso de la fusión láser en sólo una planta de energía, puede tomar una reserva del tamaño de una moneda, combinada con agua marina, y proveer suficiente fuerza energética para abastecer al oeste de los Estados Unidos durante trescientos cincuenta años. En el año 2030, los hijos de nuestros adolescentes posiblemente tengan esta clase de conversación en que los hijos les pregunten a sus padres: "¿Quieres decir que tú manejabas esos automóviles con gasolina de fósiles en los años 80s y 90s?"

"¡Claro que sí!", responderán ellos. "Las cosas eran difíciles en esos días. ¡Antes teníamos que manejar hasta la escuela!"

"¿Quieres decir que "iban" a la escuela? dirán los adolescentes en total desconcierto.

"Sí, así era en esos tiempos", será la respuesta de los padres. "Además, sus bisabuelos se iban caminando para llegar a la escuela; ahora ustedes se sientan frente a su Apple 30 con AT&T y Google, con su salón virtual en 3D. Nosotros jugábamos una versión antigua de lo que ustedes hacen para estudiar ahora, sólo que nosotros lo hacíamos por diversión en arcadas. ¡Lo llamábamos Pac-man y Frogger en ese tiempo!"

En el año 2030, los carros probablemente estarán energizados por una batería avanzada para los tramos cortos de ida y regreso a la oficina y a hacer comprar. Para los recorridos más largos, los carros estarán energizados con motores de hidrógeno líquido. El exosto de nuestros futuros carros para autopistas será de oxigeno puro y vapor, los cuales son productos derivados de hidrogeno liquido en combustión. En efecto, habrá diez miles de aspiradoras rodantes, absorbiendo la contaminación de las ciudades y remplazándola con aire más limpio que el de Colorado Rockies. Un enorme camión de fleteo se abrirá paso por las autopistas, emanando nubes de oxígeno puro de sus tanques. Habrá una calcomanía en la parte trasera del camión, con un nuevo enunciado: Equipo de vapor para producir aire limpio".

Termino mis conferencias con los estudiantes de escuela secundaria ubicándolos en la que ha de ser la forma de educación para sus nietos. En el siglo veintiuno, será común que las excursiones de los estudiantes sean a países extranjeros como Australia, la cual será una opción popular, ya que ir a ese país será un viaje aéreo especial con un recorrido de veinte nueve minutos, lleno en su totalidad con pasajeros formalmente ataviados como viajeros espaciales, disfrutando de un panorama espectacular pero breve. Ellos irán a Australia para su excursión, pero probablemente se escaparán hasta Hong Kong después, diciéndonos que estuvieron en Australia con sus chaperones toda la noche. ¡Algunas cosas no cambian en ninguna generación!

2. DE ROCAS TAMBALEANTES A PIEDRAS DE CIMIENTO

Necesitamos aprender de la antigua definición china del término "crisis", la cual uso en todos mis seminarios. Los símbolos chinos para "crisis" son idénticos a los que corresponden a la palabra "oportunidad". Literalmente, traduce así: "Crisis es una oportunidad que cabalga en vientos peligrosos". La mejor forma de adaptarse al cambio y llevar una vida exitosa es ver las crisis como oportunidades, y las rocas tambaleantes del camino como piedras de cimientos que conducen a las estrellas.

Para desarrollar la adaptabilidad frente a las dificultades, usted necesita verlas como algo normal que hace parte de la vida. Los individuos exitosos desarrollan la fortaleza mental, que comúnmente se conoce como fortaleza de carácter. Los estudios han comprobado que las adversidades y los fracasos, si nos adaptamos y los vemos como una retroalimentación correctiva normal, pueden ayudarnos a encaminarnos nuevamente. Ellos sirven para desarrollar en nosotros inmunidad contra la ansiedad, la depresión, y contra las respuestas adversas al estrés.

Actualmente, los medicamentos anti estrés usados cada vez más en los Estados Unidos, (por encima de setenta millones de tabletas anualmente), alivian las reacciones emocionales frente al temor al dolor o al fracaso; por eso las consumimos. Pero, desafortunadamente, estas también interfieren con la habilidad para aprender a tolerar el estrés. Es mucho mejor desarrollar métodos de conducta para hacerle frente a los problemas, que tratar de disuadirlos con una tableta.

La Historia está llena de ejemplos interesantes de individuos que han contribuido a la sociedad, convirtiendo sus piedras de tropiezo en cimientos. Beethoven era sordo. Milton era ciego. Tom Dempsey pateó el puntapié más largo en la historia de la NFL con medio pie. Lance Armstrong conquistó su cáncer para convertirse en el campeón de todos los tiempos en la carrera en bicicleta del Tour de Francia. Hay miles de personas más, que son ejemplos que trasformaron su adversidad en grandeza.

3. LA NECESIDAD –MADRE DEL HELADO DE CONO

La exposición de compras en Luisiana ocurrió en Saint Louis en 1904, en conjunto con los juegos olímpicos. Cuarenta y dos estados y cincuenta y tres naciones tomaron parte en dicha exposición, la cual celebraba el aniversario #100 de la transferencia de la parte noreste de Luisiana desde Francia a los Estados Unidos. La exposición fue popularmente referida como "La feria Mundial de Saint Louis".

Entre los vendedores asistentes a la feria estaba un hombre con un puesto de helados y otro con uno de wafles calientes. A medida que la multitud atravesaba los distintos pabellones, tanto el puesto de los helados como el de los wafles prosperaban. En una actividad realizada un día en particular, el vendedor de los wafles se quedó sin los platos de cartón sobre los que había estado sirviéndolos, con tres clases distintas de salsas. Estaba desesperado al descubrir que ningunos de los demás vendedores le venderían platos para hacer sus ventas. Todos ellos retuvieron sus inventarios celosamente, temiendo que también podrían perder dinero.

El vendedor de helado se mostró contento con el impase de su compañero vendedor. "Esa es la forma en que los wafles tradicionales funcionan", dijo. "Sería mejor si usted se dedicara a trabajar para mí vendiendo helados".

El vendedor de wafles analizó la posibilidad, la cual consistía en vender los wafles sin platos y haciendo rodar el jarabe por las mangas de sus airados clientes. Él accedió a comprar el helado de su compañero vendedor obteniendo un descuento, para revenderlo en su puesto, que estaba localizado al bajar la arcada.

El vendedor de wafles trató de recuperar sus pérdidas en un pequeño margen de ganancias que estaba obteniendo al vender helados. Su mayor problema era qué hacer con la cantidad de ingredientes en la que había invertido los ahorros de su vida tratando de obtener ganancias en la gran cantidad de gente que atendía a la feria de Saint Louis. De repente, una idea lo asaltó. ¿Por qué no había pensado en eso antes? Estaba seguro que funcionaría.

Al día siguiente en su casa, con la ayuda de su esposa, el vendedor de wafles hizo una batea de mil wafles y los presionó bien delgados con una plancha de hierro. Cuando ellos estaban todavía calientes, los envolvió en forma circular con un hueco al final. La mañana siguiente vendió todos sus helados antes del medio día, junto con todos los mil wafles, ¡también con tres salsas distintas! Como resultado del tropiezo de haberse quedado sin platos, se había visto forzado a inventar "el helado de cono".

4. EL NACIMIENTO DEL PERRO CALIENTE

En la década de 1930, un emigrante alemán a Filadelfia estaba tratando de ganar su sustento vendiendo salchichas tipo knockwurst y sauerkraut en su pequeño restaurante. No teniendo forma de comprar platos y cubiertos como todo establecimiento, él desarrolló unos guantes de algodón para que sus clientes sostuvieran la salchicha knockwurst, acomodada sobre el sauerkraut, a medida que se los comían. Su mayor piedra de tropiezo ocurrió como resultado del hecho que sus clientes se llevaban los guantes a casa y hacían trabajos de jardinería y otros menesteres inusuales alrededor de la casa. Casi se van a la bancarrota tratando de mantener el suplemento de los guantes.

Para resolver el problema, él partió un pan de rollo alemán en el centro y puso sobre la abertura esta salchicha knockwurst acompañada de sauerkraut. A medida que le servía a su clientela el primer día, explicaba que el pan era para remplazar los guantes, que habían sido descontinuados. Uno de los clientes, espiando al dueño del negocio desde una esquina del restaurante, dijo: "Ahora sabemos por qué usted está tratando de meter la salchicha en ese pan. ¿Qué le pasó a ese otro perro que usted acostumbraba a tener por aquí?", y se rió. En ese instante, el perro caliente nació. Y por años yo pensé que había sido inventado por el dueño de un estadio de beisbol para que combinara con la gran "American Pastime".

5. LAS OPORTUNIDADES DEL MONTE SANTA HELENA

En 1980 el Pacífico noreste se estremeció bajo la devastadora fuerza del volcán del monte Santa Helena. La cordillera de las Cascadas (Cascade Range) quedó despierta y sin descanso nuevamente. Había estado aletargada durante un número de años, pero el silencio se había roto una y otra vez a medida que el volcán hacía erupción, trayendo confusión a las comunidades de los alrededores. Los reportes de la televisión y los periódicos del área dominaban las noticias nacionales: "Bosques aniquilados, ríos envenenados, peces y vida salvaje destruidos, áreas turísticas quemadas, aire contaminado, nubes de lluvia ácida hacia el este en la ionosfera, El próximo podría ser la falla de San Andreas y los cambios de temperatura podrían variar permanentemente, sólo para comenzar..."

Los proveedores de la fatalidad estaban haciendo una fortuna a costa del monte de Santa Helena. Un millón de pequeñas bolsas plásticas marcadas con un letrero que decía "cenizas volcánicas del Monte Santa Helena" se vendieron en un dólar, durante la primera semana de erupción. Todos querían pasarles a sus familiares y amigos de otras ciudades, una porción del desastre, o poseerla como amuleto de buena suerte. Lo interesante acerca de muchas de estas bolsas de cenizas ¡es que dichas cenizas provenían de las chimeneas de los vendedores! Una impresora en Texas acumuló cerca del millón de dólares con su programa de suvenires a cuatro colores, relacionado con este espectacular fenómeno. Durante las siguientes semanas, parecía en todos los Estados Unidos que el estado de Washington estaba en un grave problema económico y ecológico del que parecía no poder recuperarse jamás.

Muy poco después de este gran fenómeno, yo visité el área del monte Santa Helena; y poco menos de un año después volví a visitarla. La impresión que recibí fue muy diferente a tanta penumbra y desolación. El daño era sobrecogedor y nadie podía negarlo. Pero lo que nadie parece haber escuchado, es acerca de las piedras que sirvieron de cimientos a lo que antes eran piedras de tropiezo. La mayoría del salmón y el steelhead sobrevivió. Al encontrar los ríos tapados con barro caliente, cenizas volcánicas, y escombros, los peces siguieron rutas alternas, algunas de menos de seis pulgadas de profundidad. Contrario a todas las expectativas, los salmones eligieron estuarios inesperados para depositar sus huevos al final de su jornada de inmigración. Ellos adaptaron sus instintos heredados para poder sobrevivir.

La vida salvaje alrededor del Monte de Santa Helena retornó rápidamente. Los lagos y los ríos pronto estaban fecundados de vida, sus aguas llenas de nutrientes enriquecidos y benéficos para la sobrevivencia, generosamente provistos por la explosión del volcán. Las flores silvestres brotaron al igual que los negocios turísticos en el área. Los granjeros que fueron afectados por la gruesa capa de cenizas por lo menos pudieron fortalecerse con el hecho de poseer los depósitos más ricos en minerales en sus tierras, en beneficio de cosechas futuras. Fue planeada una planta geotérmica en el área para utilizar la roca líquida para calentar agua, extraída de debajo de la superficie, para convertirla en vapor súper caliente para manejar turbinas. Hasta el monte Santa Helena está haciendo su aporte para ayudar a solucionar la crisis energética.

Uno de los reportes más conmovedores relacionados con gente exitosa resiliente y con la capacidad de adaptabilidad a la adversidad, surgió de una reunión de socios de una de nuestras más grandes compañías madereras, localizada en el noreste del Pacífico. El presidente de la compañía, dirigiéndose a un grupo de inversionistas sombríos durante su reunión anual, dijo: "Damas y caballeros, estoy feliz de reportar que el monte Santa Helena destrozó nuestros árboles, les quitó la corteza, y los envió al molino sin ningún provecho. ¡Un desastre más y tendremos un record de ventas anual! Obviamente, la compañía tuvo que plantar el doble de bosques que tomarán años en crecer al tamaño de los que fueron destruidos. La inversión de capital requerida para remediar el impacto del volcán será tremenda. El punto, sin embargo, es cómo convertir el monte Santa Helena en "una oportunidad para cabalgar sobre vientos peligrosos" y convertir las pilas de lava de piedras tambaleantes, en piedras de cimiento para conseguir el éxito.

Un corto poema en mi oficina me recuerda de la importancia de la adaptabilidad en la vida. Fue escrito por Gail Brook Burket y es uno de mis favoritos:

"No pido caminar por suaves senderos
Ni una carga fácil de llevar,
Yo oro por fortaleza y valor
Para subir el camino pedregoso.
Dame tal coraje para escalar
El pico más alto sólo,
Y convertir cada piedra de tropiezo
En una piedra de cimiento".[12]

6. MOTIVACIÓN: LAS DOS CARAS DEL ESTRÉS

Cuando Peter Benchley estaba filmando la película "Tiburon" ("Jaws"), basada en su novela bestseller, se fue a Australia a observar tiburones de primera mano, en su ambiente natural. Mientras los observaba y filmaba, estaba parado en una playa en cuya agua le daba a la altura del pecho. Cuando él vio que venía un tiburón, alarmantemente cerca de él, y aparentemente es su dirección, se dio vuelta y se devolvió corriendo hacia la playa. ¿Alguna vez ha usted intentado correr con el agua al pecho? Branchley dijo que tratar de correr en esa posición era como "bailar en mantequilla de maní".

Yo he pensado en ese enunciado muchas veces desde la primera vez que escuché sobre el incidente. Creo que es lo que la mayoría

12. Burket, Gail Brook, "Special Days to Remember" (St Louis: O'Neal Publishing, 1980), p.125

de la gente está haciendo con su vida. Están tan ocupados, pero no parecen estar logrando nada. Sólo van con las emociones como si estuvieran "bailando entre mantequilla de maní". Muchos se conforman con un camino de menor resistencia y la forma más segura, que arriesgarse a calcular retos. Como los medios siempre están bombardeando nuestros sentidos con "malas noticias", la mayoría de los individuos encuentran consuelo en ver y escuchar sobre los problemas de otros, como una justificación a su propia falta de esfuerzo.

No hace mucho, una estación de televisión en los Estados Unidos condujo un experimento. Se concentró en reportar "buenas noticias". Sólo duró seis semanas debido a la falta de audiencia. ¿Puede imaginarse algo tan desastroso como llegar a casa de otro día frustrante y aburrido de trabajo y acomodarse frente al televisor para ver historias inspiradoras y verdaderas acerca de gente que está alcanzando sus metas en estos tiempos? Un reporte fue acerca de una familia de Vietnam que hizo su fortuna con su cadena de restaurantes "Chungking" de comida rápida, desde que llegaron a los Estados Unidos. ¿Cómo cree que esa historia puede hacer sentir a la mayoría de la gente, después que un documental nocturno le acaba de decir a la audiencia que nadie puede sostenerse con esta economía?

Yo creo que las "malas noticias" en televisión, combinadas con la gran cantidad de reality shows y de novelas diarias, son tan llamativas y populares a la audiencia en general porque ellas muestran al ser humano en su peor expresión. Con una dieta permanente de esta clase de programas, mucha gente puede racionalizar sobre su estilo de vida y "bailar entre mantequilla de maní". Después de todo, ellos están viviendo ciertamente vidas más normales que las que ven cada noche en televisión.

Un gorila de cuatrocientos kilos llamado Willy B que vive en el zoológico de Atlanta es adicto a la televisión. Los oficiales del zoológico han instalado varios televisores que él puede ver durante el día. Miles de visitantes al zoológico van para ver a Willy mirando la televisión. Los investigadores que han estado estudiando a Willy y sus hábitos muy de cerca, han llegado a la alarmante conclusión que los programas favoritos de Willy concuerdan con aquellos que también son los favoritos del público americano en general. ¡Esto nos dice algo acerca de nuestros gustos con respecto al entretenimiento! Sin embargo, ese enunciado puede ser injusto para el gorila. ¡Él no tiene nada más que hacer!

Todo individuo está motivado en menor o mayor grado acerca de algo. La motivación es la fuerza interna hacia el pensamiento dominante del momento. Por definición, la motivación es el "motivo de la acción".

El temor al cambio o al riesgo causa que mucha gente postergue y renuncie a sus movimientos en la vida. Otras dos fuerzas activas de motivación mueven nuestra vida y tienen unos efectos mucho más significativos a nivel mental y físico. Estas son las "motivaciones por castigo" y las "motivaciones por recompensa". Yo las llamo las dos caras del estrés.

Las "motivaciones por castigo" nos dicen que hagamos algo o habrá un precio que pagar en consecuencia. Estas opciones son mejor conocidas como compulsión (tener que...) e inhibición (no poder...) y siempre existe un castigo (o de lo contrario...).

La motivación por castigo le indica que busque algo porque habrá una recompensa por ese logro. Además le dice que usted tiene la capacidad para lograrlo. Estas opciones son mejor conocidas como motivación por propulsión (querer hacer) y motivación por voluntad propia (poder hacer) y siempre existe una recompensa (beneficio).

Tanto la motivación por castigo como por recompensa causan estrés. La motivación por castigo, asociada con sentimientos de compulsión e inhibición, causa estrés negativo conocido como "angustia", el cual conlleva a la desorientación, distorsión, incomodidad, disfunción y enfermedad. La motivación por recompensa, asociada con sentimientos de propulsión y voluntad propia, causa estrés positivo conocido como "euestrés", el cual conlleva a la orientación en las metas, energía, poder y sensación de bienestar.

Entonces, ¿es el estrés bueno o malo? La respuesta es sí, el estrés puede ser bueno o malo, dependiendo de si su motivación está basada en el castigo y el fracaso, o en la recompensa y el éxito. ¿Cuál es la suya?

7. CÓMO ADAPTARSE Y TENER UNA VIDA MÁS LARGA

Una de las relaciones personales y profesionales más importantes que he tenido en mi vida fue mi amistad con el conocido Dr. Hans Selye, quien murió en 1982. Él es el reconocido "padre del estrés". Como joven doctor que emigró de la Europa central a Canadá en la década de 1930, tomó primeramente prestada del inglés la palabra "stress", relacionada con la Física para describir las respuestas del cuerpo ante todos los virus y temperaturas bajas, hasta emociones como el temor y la rabia. La definición del doctor Selye sobre el estrés, casi cincuenta años después, es todavía la mejor explicación de lo que realmente es: "El estrés es la respuesta no específica del cuerpo hacia cualquier demanda hecha sobre este, ya sea que la demanda sea o no placentera".

Conocí a Hans Selye en 1976 en Sarasota, Florida, poco antes de cumplir sus setenta años. Durante los siete años que lo conocí, siempre lo vi como a un niñito con ojos curiosos dentro del cuerpo de un hombre adulto. Como presidente de la asociación International Society for Advanced Education, hice arreglos para que el doctor Selye y el doctor Jonas Salk fueran los conferencistas destacados en el simposio internacional sobre el estrés, International Stress Symposium en Abril de 1976 en el teatro Van Wezel de Sarasota. Luego de la primera conferencia, yo estaba tan fascinado con su enfoque sobre el estrés, que hice muchos viajes para visitar a Selye en sus instalaciones de investigación en el Institute of Experimental Medicine and Surgery de Montreal. En un período de cinco años, grabé en audio y video nuestras entrevistas, la cuales considero entre mis pertenencias más preciadas. Siempre he sido partidario de coleccionar y compartir momentos preciosos, más que objetos materiales y cosas.

Hans Selye tenía una capacidad para explicar datos científicos complejos mediante el uso de ejemplos fáciles de entender. Así como el estrés se ha convertido en nuestra preocupación nacional y las noticias están inundadas con miles de artículos pregonando alguna nueva fórmula para vencerlo, me gustaría compartir mis recolecciones de la esencia de lo que aprendí de Hans Selye.

Él usualmente hablaba sobre las dos caras del estrés. Observaba que sentarse en la silla de un odontólogo o besar apasionadamente puede ser igualmente estresante –sin embargo, no igualmente agradable. Él decía que cuando una madre escucha repentinamente que su hijo ha muerto en una batalla, ella mostrará los cambios bioquímicos característicos del estrés. Bajo estrés, hay una necesidad de movimiento. Adicionalmente, las mucosidades del estomago comienzan a disolverse, el cuerpo pierde peso, las glándulas linfáticas pierden su almacenamiento de hormonas, y los individuos sufren de insomnio. Estas son todas respuestas no específicas. Sin embargo, los efectos específicos de esa noticia son gran dolor y sufrimiento.

Unos años más tarde el mismo hijo entra en la sala perfectamente saludable. La noticia era falsa y nada le pasó. La madre experimentará extrema dicha. Los efectos específicos de esta experiencia son muy placenteros. Sin embargo, el estrés no específico ¡es justo el mismo que en el caso de la mala noticia! No es el estímulo físico el que hace la diferencia, sino es la actitud con la que lo tomamos.

Una noche en que estábamos sentados en el estudio del doctor Selye, yo le dije que mi padre me había dado mi primera lección sobre cómo sobrellevar el estrés a la edad de doce años. Mi padre administró una bodega hasta su muerte en el año de 1982. Aunque nunca ganó un salario muy alto, y su educación formal fue muy poca, él es uno de los hombres más sabios que he conocido. Cuando yo iba a la cama en la noche, uno de los momentos más importantes que un padre e hijo pueden tener juntos, son esos preciosos momentos antes de ir a dormir. Él siempre me daría algo que me inspirara antes de dormirme.

Cuando se iba de mi cuarto, después de taparme bien, él "soplaba" sobre mí una luz mágica. Yo no veía su mano apagar el interruptor, pero todo lo que recuerdo es su poder maravilloso para soplar como una vela sobre un ponqué.

Cuando mi cuarto se quedaba a oscuras me decía... "Buenas noches hijo mío. Recuerda siempre que cuando tu luz se apague, se apaga el mundo entero. La luz y la vida están en los ojos de quien las contiene. Mantén tus ojos brillantes y abiertos a la luz de la oscuridad. La vida es lo que tú haces de ella... la diferencia no es lo que está ocurriendo, sino como lo tomas, lo que cuenta".

Le conté a Hans Selye que esas palabras que mi padre me había dado desde niño, se quedaron conmigo durante mi vida adulta, como un faro en la niebla. Selye me dijo que la filosofía de mi padre concordaba con la suya. Me dijo que él había condensado veinte años de investigación en las trescientas páginas del libro *El estrés de la vida* (*The Stress of Life*). Cuando McGraw-Hill le dijo que sus explicaciones todavía eran demasiado largas y complicadas, él comprimió su investigación en un resumen de diez hojas. Cuando el editor le dijo que todavía era algo muy complejo, él decidió hacerlo tan corto y sencillo como para que todos entendieran: " Luche por su logro más alto de alcanzar; pero nunca oponga resistencia en vano".

Las reglas de Seyle para manejar el estrés

El doctor Seyle me dio tres reglas básicas para entender sus teorías sobre el estrés de la vida[13]:

Encuentre su propio propósito en la vida que vaya de acuerdo a su nivel personal de estrés. Muchos de nosotros encajamos en dos categorías principales. Están los "corredores de caballos", quienes triunfan en medio de la presión y sólo están felices si van conduciendo por la vida por el carril de alta velocidad. Luego siguen las "tortugas", las cuales para ser felices requieren de un ambiente más sereno y tranquilo –que frustraría o aburriría a los corredores de caballos, ya que si usted los obliga a no moverse, les da todo el adiestramiento, el lujo y la comida que quieran, después de un tiempo ya no van a correr más. Los órganos que no utilicen se les atrofiarán, ya que es necesario ejercitarlos porque así está construido el sistema. Se necesita dejar fluir los talentos y la energía que cada uno posee. En cambio, si usted trata de enseñarle a una tortuga a correr tan rápido como un corredor de caballos, la matará.

La mayoría de nosotros somos corredores de caballos. Vamos por la vida como si esta fuera una carrera con un premio para quien la termine primero. La verdadera misión es encontrar un propósito

13. El material de estas páginas ha sido tomado de una entrevista grabada con el doctor Selye en el Institute of Experimental Medicine, University of Montreal, Canada, Agosto 29, 30, 1976.

que podamos respetar. Esa debe ser nuestra meta —no la de nuestros padres o amigos, sino nuestra meta personal e individual. Una forma de determinar si usted está en el camino correcto es definiendo su propio significado de "trabajo". Todos parecemos clamar por menos horas e ingresos mayores. ¿Qué es trabajo y qué es tiempo libre?

Si trabajo es lo que usted tiene que hacer, entonces tiempo libre es lo que quiere hacer. Un pescador profesional que ha estado a la mar y está exhausto al llegar a casa, hará algo de jardinería y se relajará en la noche. Inversamente, el jardinero profesional, probablemente se irá de pesca para descansar de su trabajo. Aunque todos necesitamos diversión, usted debe estar seguro que disfruta su profesión lo suficiente como para llamarla una "profesión divertida". El doctor Selye dijo que él nunca dio una puntada de trabajo en su vida, aunque estaba levantado todos los días a las 5:00 am y trabajaba hasta altas horas de la noche. Él decía que "jugaba" todo el tiempo porque para él la investigación era algo muy divertido. Esta clase de actitud es necesaria para que todos seamos capaces de desarrollarnos más.

1. Controle su nivel emocional reconociendo que las circunstancias pueden ser retadoras o no-retadoras. Responda en lugar de reaccionar. Hay un mito sicológico que dice que ventilar su rabia es el acto más saludable que se puede ejercer. El problema con esto es que usted no puede recoger lo que le dijo o le hizo a la persona que recibió su descarga. El acto de ventilar su frustración se convierte en un hábito de formación. Pregúntele a cualquier esposa o madre que haya sido una víctima de las pataletas de su esposo o hijo. Pregúntele a cualquier niño que haya sido abusado por la ira habitual de sus padres. El temor puede resultar de "valores amenazantes". La mayoría de la gente que demuestra mucha rabia, tiene baja autoestima. Ellos ven cada opinión opuesta como un rechazo y una amenaza personal.

Dentro del cuerpo existen dos clases de mensajeros químicos: los llamados mensajeros de paz (las palomas), que le dicen a los tejidos no pelear porque no es necesario; y los mensajeros de guerra (los halcones), que le ordenan al cuerpo destruir invadiendo sustancias extrañas y luchando.

Los mensajeros de paz se llaman hormonas syntóxicas (del griego syn—juntas, como en simbiosis, que viven juntas—y synergy, que trabajan juntas). Estas hormonas le dicen a los tejidos que se relajen, que no vale la pena pelear, porque si usted no comienza una lucha, no se enfermará. Ellas saben que no es el intruso, sino la lucha lo que le pondrá mal.

Los mensajeros de guerra se llaman hormonas "catatóxicas". Su misión es buscar y destruir a los invasores peligrosos que están amenazando la vida. Ellas estimulan la producción de varias encimas que destruyen sustancias en el cuerpo. El problema con gente que reacciona a todas las confrontaciones diarias de la vida con esta reacción catatóxica actitud de "pelear o pelear", es que ellos están gastando energías en causas equivocadas.

Todos tenemos una cuenta de ahorros con estrés depositado en nuestro cuerpo como nuestro recurso vital. El objetivo es emplearlo sabiamente en el mayor tiempo posible. La diferencia entre nuestra cuenta de ahorros de estrés y una cuenta bancaria normal es que no podemos hacer más depósitos en la cuenta del estrés. Sólo podemos hacer retiros. La razón por la que la mayoría de la gente envejece a diferente velocidad se debe a que nuestra sociedad está llena de "grandes consumidores", que reaccionan en forma exagerada ante situaciones inofensivas como si estas fueran cuestión de vida o muerte. Lo vemos todos los días en el tráfico camino al trabajo.

La verdadera madurez consiste es saber cuándo actuar sintóxicamente y cuándo catatóxicamente. Si usted sale de noche y se encuentra con un borracho, él de pronto hasta llegue a insultarlo. Reconociendo que está indefenso pero fastidioso y borracho, usted podría tomar una actitud syntóxica e ignorarlo sin decir nada. Él está tan borracho que no puede atacar ni a su propia silla. Y usted se adapta a la molestia y no surgen problemas.

¿Pero qué ocurre si usted malinterpreta la situación como una amenaza en la vida y en cambio lo trata como si fuera un maniaco homicida? Sin pensarlo, usted reacciona con una cantidad de recursos corporales. En la secreción de su corriente sanguínea que reúne energía del azúcar y las grasas acumuladas, estimulando el pulso, la respiración y la presión sanguínea. Sus procesos digestivos se detienen inmediatamente y la mucosa protectora del estómago comienza a disolverse, a medida que toda la sangre se apresura a la zona de batalla. La química de su coagulación se prepara para resistir heridas coagulando rápidamente. ¡El sistema de alarma está en alerta roja!

Aún si usted no llega a pelear, puede caer muerto ahí mismo si está predispuesto a una falla coronaria. En este caso el estrés de prepararse para la batalla es lo que lo mataría. Piense en eso cuidadosamente. ¿Quién sería el asesino? El borracho no lo tocó sino que usted se suicidó. ¿Cuánta gente se mata a sí misma o envejece prematuramente porque no está consciente de las consecuencias de su conducta?

Al no estar consciente, usted puede haber malentendido la situación opuestamente, en donde de pronto usted observa un individuo comportándose irracionalmente y lo confunde con un borracho inofensivo. De hecho, es un maniaco homicida con una daga en la mano. En este caso, la conducta adecuada hubiera sido hacer sonar la alarma y activar su mecanismo de estrés que le indica "defenderse o defenderse". Hay un peligro físico inminente y usted necesita, bien sea desarmarlo o desaparecerse de la escena para sobrevivir. Por eso es importante evaluar sus problemas diarios y ver si realmente son o no peligrosos.

El 90% de nuestras confrontaciones en la vida son con predadores imaginarios. "Nos cocinamos en nuestros propios jugos" y batallamos con nosotros mismos porque la respuesta apropiada a la mayoría de nuestras dificultades diarias no es ni pelear ni huir. Ya que no hay hacia dónde escapar ni nadie a quién golpear, la mayoría de nosotros caemos en una "trampa invisible" que nos lleva a desarrollar una serie de enfermedades producto del estrés.

Es mejor aprender a adaptarnos y a vivir con situaciones difíciles que a reaccionar en un estado de alarma y resistencia. Estas últimas, como estilo de vida nos llevan al cansancio prematuro. Los individuos disgustados, literalmente hacen uso de todas sus reservas de energía antes de tiempo y se quedan sin ellas muy pronto.

2. Gánese la buena reputación y el aprecio de los demás. La ausencia de odio y la presencia de amor parecen inspirar la clase indicada de energía o "euestrés". Este término une el prefijo griego

de "bueno—eu" con estrés. (eu-estrés) en forma parecida a "euforia" y "eufonía". Mientras más modificamos nuestro egocentrismo y controlamos nuestro egoísmo, más fácilmente nos aceptan los demás. Entre mayor sea la aceptación que mostramos hacia otras personas, más seguros nos sentiremos y menos será el estrés negativo que tendremos que soportar.

La observación del doctor Selye era que una de las claves más efectivas para vivir es persuadiendo de compartir nuestro deseo natural por nuestro propio bienestar. Él decía que esto sólo puede hacerse mediante un esfuerzo constante por ganar el respeto y la gratitud de quienes nos rodean. Selye replanteó la anotación bíblica: "Amar al prójimo como a uno mismo", convirtiéndola en su código personal de conducta. "Gánese el amor de su prójimo". Antes que tratar de acumular dinero o poder, él sugirió que adquiramos buen prestigio haciendo lo que beneficie al prójimo. "Acumular buen prestigio", aconsejaba el doctor Selye, "y su casa será un depósito de felicidad".

La última vez que vi a Hans Selye fue en el cuarto de un hotel en Canadá a comienzos de 1982. Como de costumbre, él estaba lleno de entusiasmo y optimismo. Él siempre será una luz en mi vida. Uno de mis poemas favoritos es un proverbio popular que él siempre escuchaba cuando creció en Australia y Hungría. Me dijo que le ayudó a nunca guardar rencores y a olvidar rápidamente los incidentes implacenteros:

"Imita lo que hace el reloj de sol, contando sólo los días placenteros".

8. ENFÓQUESE EN SU SALUD Y SU FELICIDAD

En el capítulo anterior hablamos de optimismo y fe. Aprendimos que Norman Cousins se sobrepuso a una incurable enfermedad riéndose y viviendo para estar mejor otra vez. Sin tener en cuenta las cualidades de la sanidad, ¿no es divertido reírse mucho? Yo amo reír. No me animo mucho con la rutina de las comedias artificiosas ni con el flujo constante de los barcos. Yo disfruto el humor real y verdadero de la vida diaria. El humor consiste en reírse de uno mismo cuando ha estado tomándose cosas muy en serio. Humor es reírse de la vida en general.

Oscar Wilde dijo: "La gente nunca es más trivial que cuando se toma a sí misma en serio". Me gusta el humor de acuerdo a Andy Rooney, quien hasta puede encontrar algo humorístico acerca del IRS (Internal Revenue Service).

Hay algo sorprendente acerca de las personas que han vivido ochenta años o más. Muchos de ellos parecen tener gran sentido del humor. Norman Vincent Peale, Maurice Chevalier, Rose Kennedy, Lowell Thomas, Bob Hope y George Burns, son ejemplos clásicos. Aunque Art Linkletter tiene que avanzar cerca de una década más, antes de llegar a sus ochenta, es una de las pocas personas en el mundo que ha permanecido en contacto con los niños a su propio nivel, a lo largo de su vida. Danny Kaye es quizás la única persona que he visto que pueda relacionarse con niños tan bien como Art Linkletter lo hace.

Por muchos años yo participé en programas de Positive Living por todo el país, junto con Art Linkletter, Paul Harvey, Zig Ziglar, Robert Schuller y Norman Vincent Peale. La fe espiritual y el humor son dos fundamentos que han hecho grandes a estas personalidades, destacándose entre los grandes de nuestro país. Siempre disfruté estar en el mismo programa con todos ellos, especialmente mi amistad con Art Linkletter y su concepto de humor que lo mantenía sin envejecer y con casi cien años de edad hasta el 2010.

Art encontró el secreto de la juventud. Él veía la vida a través de los ojos de un niño. Cuando él hablaba a América, nos animaba a todos a reírnos de sí mismos y a encontrar al niño que hay en cada uno de nosotros. Cuando los niños crecen, se envejecen. Art nos animaba a no crecer. Nos recordaba de nuestra juventud volviendo a contarnos sobre algunas de sus entrevistas "serias" que había hecho a lo largo de los años en sus programas con los niños. Para mí, ellos son la esencia de lo que es el verdadero humor.

En los extensos recorridos, en las conferencias como invitado especial ante miles de personas, Art Linkerletter nos recordaba que "los niños dicen las cosas más irreverentes". Él recordaba una niña de tres años con ojos café muy grandes a quien él le preguntó: "¿Y tú qué haces para ayudarle a tu Mamá?" "Yo le ayudo a preparar el desayuno", contestó ella muy orgullosa. "¿Y en qué le ayudas con el desayuno?" le dijo Art. Ella no lo dudó: "Pongo las tostadas en la tostadora pero ella no me deja descargarlas".

Cuando Art le preguntó a un joven lo que su padre hacía para sostener su hogar, el muchacho tomó un microscopio como si fuera un cono de helado. "Mi papá es un policía", dijo. "Él agarra ladrones y maleantes, los esposa y los lleva a la estación y los mete presos". "¡Vaya!" dijo Art. "Te apuesto que tu mama se preocupa con su trabajo, ¿no es cierto?" "Claro que no", replicó el muchacho, "Le trae muchos relojes, anillos y joyas. A ella no le preocupa su trabajo en nada".

La historia que más me gusta es la que Art cuenta acerca del chico a quien él le dio un problema hipotético para que lo resolviera en uno de sus programas. "Supongamos", dice Art, "que tú eres el piloto de una línea aérea comercial que va volando a Hawái, con 250 pasajeros y sus motores se apagan. ¿Qué harías en una situación como esa, si fueras el piloto?" El niño pensó por un momento y luego salió con una solución: "Yo pondría el aviso del cinturón de seguridad y el paracaídas". Él parecía orgulloso de su respuesta, hasta que escuchó la audiencia riendo. Se puso las manos en los bolsillos y comenzaron a aparecer lágrimas en sus ojos. Art vino rápida y amablemente a su rescate. "esa fue una respuesta excelente, hijo. Ellos no se estaban riendo de ti, sino que estaban felices con lo que dijiste", le dijo consolándolo. El niño todavía no se veía muy satisfecho mientras contestaba: "Sí, pero yo iba a regresar al avión. Sólo iba a comprar gasolina".

Adaptémonos a los altibajos de la vida manteniendo nuestro sentido del humor. Mantengamos al niño vivo y despierto dentro de nosotros. Recuerde, usted sabe que está envejeciendo cuando sus hijos están en la mediana edad... cuando se fatiga con los video juegos... cuando su marcapasos hace que se abra la puerta del garaje cada vez que pasa una persona joven... ¡y cuando la personita de canas que usted ayuda a pasar la calle es su pareja!

Usted y yo nunca envejeceremos, si logramos ver las maravillas de la vida a través de los ojos de un niño. Ellos parecen encontrar tanta diversión tanto en las cajas en las que vienen empacados sus juguetes como en los juguetes mismos. Los niños ríen de casi todo –cachorros y otros animales, insectos, mariposas, fuentes de agua, piñatas, tiovivos, y de su propia cara en el espejo.

En la medida en que podamos vernos a nosotros mismos a través de los ojos de un niño y no nos tomemos tan seriamente, habremos aprendido la esencia de la adaptabilidad. Ya que el cambio es inevitable, sabemos que mañana nos traerá una nueva sorpresa, un nuevo reto y una nueva dicha. Caminemos con la promesa de un nuevo día, habiendo descubierto que los viejos buenos tiempos son aquí y ahora.

9. 10 PASOS DE ACCIÓN HACIA LA ADAPTABILIDAD

9.1. Examine su sentido del humor para determinar cómo le ha servido. ¿Es principalmente una bodega para almacenar chistes y anécdotas? ¿O funciona como debería, para ayudarlo a percibir los momentos en que ocasionalmente hace el ridículo?

9.2. Tome responsabilidad por sus emociones. Cuando usted comienza a enojarse, recuerde que usted es dueño de sus emociones. Aléjese de situaciones potencialmente hostiles. Cuando hable acerca de su insatisfacción o frustración, diga: "me siento molesto cuando veo que esto ocurre", en lugar de decir: "Tú me haces enojar cuando haces eso". Sólo usted puede enojarse.

9.3. Cuando reprenda a alguien o exprese infelicidad, trate de hacerlo después que la urgencia de pelear haya pasado. La mejor forma de sacar adelante sus sentimientos es cuando logra hablar en un tono de voz normal, sin todo ese lenguaje corporal de guerra. Cuando esté molesto, trate de hacer un ejercicio físico como correr, jugar tenis, squash o cualquier otro ejercicio en el cual haya un impacto que le permita liberar la adrenalina acumulada en su sistema. Diga lo que tiene en mente, pero criticando la conducta de la persona y sin atacar a la persona en sí.

9.4. No existe un argumento ganador. Sólo existen acuerdos ganadores.

9.5. Vea los cambios como algo normal. Evalúe y monitoree

constantemente su capacidad para cambiar su ritmo, ser flexible, abierto a nuevas ideas, a sorpresas, y para adaptarse rápidamente al cambio.

9.6. No se enganche en la actitud de "todo o nada". Si las cosas no funcionan exactamente en la forma en que las ha planeado, reconozca lo bueno de la situación. No sea como el equipo vencedor número uno que pierde un juego y piensa que la temporada entera fue un total fracaso. No busque una perfección irrealista en otros o en usted, pues puede causarle que su desempeño sea desacreditado continuamente y cualquier cosa que usted haga nunca dará el nivel esperado.

9.7. Deje que otra gente tome responsabilidad por su propia conducta. No se envuelva en el juego de la autoculpa o de la culpa falsa cuando personas cercanas a usted produzcan efectos negativos en sus vidas. Más allá del respeto razonable por la ley y la seguridad personal, hasta sus propios hijos están a cargo de sus propias vidas. Construya adaptabilidad y en su hogar y trabajo, para que el arrojo y la flexibilidad sean dos factores sólidos.

9.8. Aprenda a decir "no" como si este significara "sí, ya estoy comprometido". Una de las mejores formas de liberar estrés es planificar su tiempo de tal manera que pueda mantener sus compromisos adquiridos confortablemente. Estar "bajo presión" todo el tiempo es una característica de la llamada conducta tipo A, la cual incrementa el riesgo de enfermedades coronarias y de otras complicaciones relacionadas con el estrés. Decir "no" por adelantado es mucho menos doloroso que tener que decir: "Lo siento, no pude cumplir". Sólo usted puede ponerse a sí mismo bajo presión.

9.9. Simplifique su vida. Deshágase de las actividades improductivas. Pregúntese por lo menos una vez por semana: "Más allá de la rutina normal de mi horario y mi trabajo diario, ¿cuál es la esencia de mi vida y en qué realmente quiero emplear mi tiempo?"

9.10. Envuélvase en actividades recreativas que le produzcan inspiración. Vuele cometa, lance el frisbee, limpie los utensilios con los que hace el picnic, comparta un proyecto con los niños, haga pequeñas producciones teatrales, musicales, y concéntrese más en películas y programas de televisión que toquen sus emociones.

10. PREGUNTAS ACERCA DE SU CAPACIDAD PARA ADAPTARSE

10.1. ¿Le gustaría que los tiempos fueran como solían ser? ¿Qué frases para contar historias escucha que salen de su boca o de otros?

10.2. ¿Puede adaptarse fácilmente a los cambios? Piense en algunos ejemplos de cómo ha enfrentado el cambio recientemente.

10.3. ¿Se siente presionado por la vida? ¿Qué hace para liberar el estrés? ¿Lo hace con regularidad o en forma planeada? ¿O lo hace hasta cuando haya explotado?

10.4. ¿Está metido dentro de una rutina? Si es así, descríbala. ¿Qué hace que su trabajo u otros aspectos de su estilo de vida sean una rutina?

10.5. ¿Lo molestan pequeñas cosas? ¿Qué clase? ¿Cuándo? Trate de identificar cuáles son esas pequeñas cosas y lo que puede hacer con respecto a ellas.

10.6. ¿Puede reírse de sus errores? ?Pregúntele a su pareja o amigos cercanos lo que ellos piensan que usted hace.

9

LA SEMILLA DE LA PERSEVERANCIA

EL DESEO DE GANAR LO CONSIGUE TODO

1. El noveno secreto mejor guardado para obtener el éxito total.
2. Wilma vino desde antes.
3. Usted tiene que comenzar en alguna parte.
4. Vaya siempre por el oro.
5. Una leyenda viviente.
6. Lo que Vince Lombardi realmente dijo.
7. El secreto detrás de esos arcos de oro.
8. Nunca es tarde para intentarlo.
9. 10 pasos de acción hacia la perseverancia.
10. Preguntas acerca de su perseverancia.

Ya hemos hablado de la semilla de la fe anteriormente. La semilla de la perseverancia es similar, pero la diferencia consiste en que esta es la prueba de la fe. Perseverar es sostenerse cuando las adversidades se acumulan en contra suya pero usted sabe que está dando la pelea.

Uno de los rasgos fundamentales característicos de todos los individuos exitosos que he estudiado, es que todos ellos creen en Dios. Cada uno de ellos cree que es una parte integral del plan de Dios. Con esta creencia en el orden y en la promesa que rige el universo, ellos has sido capaces de desarrollar su imaginación creativa, autoestima, sabiduría, metas, y una profunda fe en sus convicciones y compromisos. La fe ha sido el sistema arraigado que les ha permitido ondular con los vaivenes de los vientos de cambio y crecer sin desfallecer en su espíritu. Esta habilidad para moverse según las situaciones se demuestra con la capacidad inusual de adaptarse y en con el hábito de ver el lado esplendoroso aún en las situaciones más oscuras.

1. EL NOVENO SECRETO MEJOR GUARDADO PARA OBTENER EL ÉXITO TOTAL

Tal vez por eso es que el verdadero éxito es un secreto tan bien guardado. Todos lo quieren y mucha gente invierte incontables días y años soñando con él. Todos hablan, escriben, visualizan y van a reuniones para escuchar más acerca del éxito. Pero muy poquito pasa para hacer que este ocurra. ¿Por qué? La gente pone su fe en un milagro, pero se ha comprobado que estos son el resultado de la fe en acción. Cuando alguien dice: “Lo que ha ocurrido es un milagro”, usualmente continúa diciendo: “Nuestras oraciones fueron contestadas y nunca nos dimos por vencidos en la esperanza que si seguíamos trabajando, lo veríamos ocurrir".

> *El noveno secreto mejor guardado para obtener el éxito total es que los ganadores trabajan en hacer cosas que la mayoría de la población no está dispuesta a hacer.*

Notará que digo "trabajar en" hacer cosas que otros "no están dispuestos" a hacer. Yo no dije "no son capaces". Yo dije "no están dispuestos". Un individuo que no lee, aprende, trabaja, o inclusive ora, es un verdadero perdedor del juego de la vida. Aquellos que no leen, ni aprenden, ni trabajan, ni oran, porque tienen una incapacidad o viven en un ambiente opresivo, no son perdedores. Ellos son héroes y heroínas en medio de la dificultad para llegar a un punto de partida. Los perdedores son quienes quieren verse, ganar, vestir, tomar tiempo libre, viajar, poseer, retirarse y ser como alguien más. Ellos son perdedores por ausencia, más que por derrota en el escenario de la vida. No hay excusa en América para la derrota y el desespero. Botamos a la basura semanalmente lo que la gente en países subdesarrollados come en un año. En una cena de celebración de Acción de Gracias para una familia americana de cinco miembros, se consume lo que alimentaría a veinte personas hambrientas en una nación en vía de desarrollo por espacio de un mes.

No existe condición socio-económica en este país que desestime la plantación y nutrición de "Semillas de grandeza". Como dijo Mr. "T", el actor que protagonizó el vigoroso personaje en "Rocky II", "Yo pude haber sido criado en el gueto, pero no hay un gueto dentro de mí".

Sí, hay pobreza, discriminación, ignorancia, intolerancia, injusticia e ironía en este país. Y sí, hay oportunidad, determinación, información, apertura, justicia y fe también. Lo que se necesita es este "secreto mejor guardado" llamado perseverancia. Muéstreme a alguien que haya triunfado enfrentando situaciones difíciles y yo le mostraré a alguien que sabe que la perseverancia hace la diferencia.

2. WILMA VINO DESDE ANTES

Wilma estaba dispuesta a trabajar haciendo las cosas que la mayoría de la población no haría. Su primer pensamiento vívido cuando tenía seis años fue: "Voy a salir de esta pequeña ciudad y voy a buscar un lugar para mí en el mundo". Y realmente ella experimentó algunos viajes durante su niñez. El hospital de Nashville, cuarenta y cinco millas al sur, se había convertido en su hogar lejos del hogar.

Nació prematuramente, con complicaciones que resultaron en que contrajo doble neumonía en dos ocasiones, al igual que fiebre escarlata. Wilma no tuvo lo que se llamaría un comienzo fácil en la vida. Una fiebre de polio le dejó su pierna izquierda encorvada y su pie torcido hacia adentro. Los retenedores de sus piernas siempre le parecían un sinsentido. Y todo esto le hizo difícil competir con sus hermanos y hermanas en la carrera a la mesa a la hora de comer.

Ella recuerda sus viajes en autobús hasta Nashville para hacerse sus tratamientos, los cuales continuaron durante seis años más. En el viaje al hospital ella se imaginaba viviendo en la cuesta de majestuosa Casa Blanca. En el hospital, siempre le preguntaba al doctor, a veces tres y cuatro veces durante cada visita, "¿Cuándo me van a quitar los aparatos y podré caminar sin ellos? Cuidadoso de no darle nunca falsas esperanzas, él siempre decía: "Ya veremos".

En el viaje de regreso a casa ella se imaginaba siendo mamá, con niños alegres a su alrededor. Ella le contaba a su madre sobre sus sueños de hacer una contribución especial a la vida y sobre ir a experimentar el mundo. Su madre, amorosa y apoyándola la escuchaba pacientemente y le reafirmaba sus ilusiones con estas palabras: "Cariño, lo más importante es que tú creas en ellos y sigas intentándolo".

Wilma comenzó a creer cuando tenía once años, que se quitaría esos aparatos algún día. El doctor no estaba tan seguro, pero sugirió que sus piernas deberían ejercitarse un poco. Ella decidió que mucho ejercicio sería mejor que poquito.

La familia tenía fuertes raíces cristianas bautistas del sur, y ser honesta era una virtud que Wilma siempre practicó. Sin embargo, sólo en este asunto, ella admitía que "masajeaba la verdad" un poquito.

A medida que continuaba su rutina de ir y venir al hospital, su madre y padre a veces llevaban a otro de los hijos de la familia con ellos. El doctor le enseñaba a cada uno sobre cómo darle a Wilma el masaje en sus piernas diariamente. Pero la idea que ella tenía de los masajes era un poco distinta a la de los doctores. Cuando sus padres se iban de la casa, uno de sus hermanos se paraba en la puerta a vigilar. Entonces se quitaba los sujetadores de sus piernas diariamente y caminaba dolorosamente por toda la casa por horas. Si alguien llegaba, la ayudaban a volver a la cama y continuaba haciéndose sus masajes en las piernas, para justificar que no tenía puestos sus aparatos. Esto continuó por cerca de un año y aunque su confianza crecía, también aumentaba en ella un sentimiento de culpa. Pensaba en la forma de contarle a su madre sobre este programa de rehabilitación desautorizado e impuesto por ella misma.

Durante su siguiente visita de rutina a Nashville, Wilma decidió que su "día de juicio" había llegado y le dijo al doctor: "Tengo algo que me gustaría compartir con usted". Y procedió a quitarse las correas de sus piernas y caminar por el consultorio hasta donde él estaba sentado. Ella podía sentir los ojos de su madre detrás suyo a medida que caminaba, sabiendo que las acciones que la habían llevado a lograr este resultado milagroso, fueron estrictamente en contra de las reglas de la casa.

"¿Cuánto tiempo has estado haciendo esto?" le preguntó el doctor, tratando de controlar su sorpresa.

"Durante el último año", dijo ella tratando de no mirar directamente a su madre. "Yo... a veces... me quito las abrazaderas y camino alrededor de la casa".

"Bueno, ya que has sido honesta y compartes esto conmigo", le dijo el doctor, "algunas veces te permitiré quitártelos y caminar alrededor de la casa". "Algunas veces" era todo el permiso que ella necesitaba. Nunca volvió a ponérselos.

3. USTED TIENE QUE COMENZAR EN ALGUNA PARTE

Cuando Wilma cumplió doce años, descubrió que las niñas corren, saltan y juegan como los niños. Ella siempre había estado más tiempo dentro de la casa y la gente siempre tenía que venir a visitarla. A medida que empezó a explorar su nuevo y expandido horizonte, decidió que conquistaría algo que tuviera que ver con atletismo para niñas. Una de sus hermanas, Yvonne, que era dos años mayor, estaba compitiendo para ser del equipo de basquetbol. Entonces Wilma también decidió intentarlo, pensando que sería divertido ser capaz de jugar en el equipo con su hermana. Se disgustó al saber que de las treinta niñas que participaron ella no era ni siquiera una de las doce finalistas. Se fue a casa convencida que les mostraría que era lo suficientemente buena. ¡Oh! Cuánto quería mostrarles a los chicos que nunca jugaron con ella, ¡que era lo suficientemente buena!

Cuando llegó a casa, notó el carro del entrenador parqueado justo en frente. "¡Oh no!", pensó, "ni siquiera me dejó darle la noticia que no ingresé al equipo a mis padres". Corrió hasta la puerta trasera y entró a la casa silenciosamente. Luego se apostó contra la puerta de la cocina para escuchar la conversación en la sala.

El entrenador estaba ocupado explicando a qué hora llegaría su hermana del entrenamiento, cuántos viajes harían, quién sería la chaperona, y todos los demás detalles que los padres necesitan saber cuando una de sus hijas ingresa a un equipo. Su padre no era hombre de muchas palabras pero cuando hablaba, se sabía que era ley. "Hay sólo una condición para dar mi consentimiento para que Yvonne haga parte de su equipo", dijo su padre. "Lo que usted quiera" le aseguró el entrenador. "Mis hijas siempre viajan en pareja", dijo despacio, "y si usted quiere a Yvonne, tendrá que llevar a Wilma también como su acompañante". No era exactamente lo que ella tenía en mente, ¡pero era un comienzo!

Wilma entendió muy pronto que estar en el equipo impuesta por su padre y ser seleccionada por el entrenador, eran dos cosas totalmente distintas. Ella pudo sentir el resentimiento de las otras doce niñas; pero también se sintió ansiosa cuando vio los uniformes.

Eran hermosos, nuevos, negro y dorado satín. Hay algo acerca del primer uniforme cuando uno juega Pop Warner, Little League, o se convierte en una de las niñas expedicionistas, o ingresa al servicio militar; causa una emoción especial de identidad y un sentimiento de pertenencia cuando se viste el uniforme. Se acabaron los uniformes nuevos cuando llegaron a ella, así que le dieron uno antiguo, uno verde con dorado. "No importa" pensó a medida que se sentaba al final de la banca durante la temporada. "Ya tendré mi oportunidad".

Finalmente tuvo la osadía de confrontar al entrenador con una magnífica obsesión. Este cansado hombre de seis pies y ochenta y nueve kilos entró en su oficina y ella lo encontró como siempre parecía estar, un poquito áspero y muy directo. "Bueno, ¿qué quieres?" le preguntó. Ella olvidó el discurso que había preparado y simplemente se quedó allí cambiando su peso de un pie al otro. "Habla", dijo él, "la gente que tiene cosas importantes para decir, ¡las dice! Si no me dices lo que es, yo nunca sabré cuál es tu problema".

Finalmente ella soltó lo que quería: "Si usted me diera diez minutos de su tiempo, y sólo diez minutos –cada día a cambio yo le daría un atleta de talla mundial".

Él se rió incontrolablemente, no muy seguro de haber escuchado correctamente la audacia de sus palabras. Cuando ella se dio la vuelta para irse, él la detuvo. "Un momento", le dijo. "Te daré los diez minutos que quieres, pero recuerda que voy a estar ocupado con verdaderos atletas de talla mundial, gente que ha ganado becas y va a ir a la universidad".

Ella estaba tan emocionada que usaba su ropa de gimnasia todos los días para ir a la escuela, debajo de su ropa de calle. Cuando sonaba la campana, ella era la primera en el gimnasio en recibir sus preciosos diez minutos de instrucción personalizada. Se volvió obvio inmediatamente que la mayoría de la instrucción iba a ser verbal y que ella estaba haciendo un progreso lento al traducir las palabras en destrezas para jugar basquetbol. Finalmente, se sentó a llorar; entonces dos chicos que ella conocía desde largo tiempo atrás, vinieron a tratar de consolarla.

"Realmente no puedo entender por qué es tan difícil para mí

hacer lo que él me dice. Necesito ayuda", dijo ella suavemente.

"Estaremos contigo durante la sesión de los diez minutos y luego te ayudaremos a practicar lo que el entrenador está tratando de enseñarte", dijeron ofreciéndose voluntariamente.

Llegó el siguiente día. La mejor amiga de Wilma se unió para que pudieran jugar dos contra dos, a media cancha. Día tras día ellos escuchaban y practicaban, una y otra vez –dominando cada vez más el juego del basquetbol.

Cuando Wilma y su amiga fueron seleccionadas para el equipo el siguiente año, se preguntaban si realmente podrían dar la medida del verdadero juego, comparada con su práctica privada. Al tiempo que el inseparable par discutía sus sueños mutuos y sus temores, decidieron que la única cosa que podían hacer era entregar lo mejor de sí. Decidieron que si su mejor desempeño no era suficiente, o que si no podían estar a la altura de la situación, estarían agradecidas con la experiencia y se irían de allí, habiendo ganado algo significativo por el resto de sus vidas. Cada mañana durante la temporada corrían a mirar ansiosamente en el periódico para ver lo que se reportaba acerca de su desempeño la noche anterior. Se estaba convirtiendo en la noticia de rutina, la amiga de Wilma era número uno y ella era número dos.

4. VAYA SIEMPRE POR EL ORO

Mientras que ella iba de arriba para abajo por la cancha ese año, tratando de superar a su amiga en competencia amistosa para alcanzar resultados máximos al estilo de "Avis y Hertz", alguien más la estaba observando. El árbitro de la escuela secundaria era desconocido para ella, pero era Ed Temple, el entrenador conocido internacionalmente por las prestigiosas Tigerbelles de Tennessee State University (Nashville). Bajo su tutoría algunas de las Tigerbelles se convirtieron en las mujeres más veloces del país. Temple estaba buscando voluntarias del equipo de básquet que estuvieran interesadas en intentar pertenecer al equipo de atletismo. El razonamiento de Wilma fue: "La temporada de básquet se acabó, lo cual significa que no hay más juegos ni prácticas... lo que significa más tiempo para quehaceres en casa. ¿Por qué no ser voluntaria para el equipo de atletismo?"

La primera vez que Wilma corrió una carrera, se dio cuenta que podía ganarle a su amiga. Luego le ganó a todas las niñas de la secundaria –y después a todas las niñas de la secundaria en el estado de Tennessee. Ella y su amiga decidieron hacer una tregua y parar sus competencias de tramo largo por mutuo acuerdo. Ella sería la número uno en la pista y su amiga en el juego de básquet.

A los catorce años, como estudiante de secundaria ingresó al equipo de atletismo de Tigerbelles y se fue a entrenar seriamente en la Universidad Estatal de Tennessee, después de su jornada escolar y durante los fines de semana. En esa cancha conoció a una joven hermosa llamada Mac Faggs, quien ya había pertenecido a dos equipos olímpicos de los Estados Unidos en el pasado. Mac fue la única persona –fuera de la familia inmediata de Wilma— con quien la adolescente compartió su sueño. También le contó sus frustraciones de los primeros años, su suplicio con las abrazaderas de sus piernas y lo que sentía al no tener la oportunidad de pertenecer. A eso le siguió el apoyo, el fortalecimiento y el entrenamiento continuo, como también sus victorias. Hacia el final del primer verano, ella había ganado las competencias de 75 y 100 yardas y estaba en el equipo ganador de las 440 yardas en la división junior en el encuentro nacional de la AAU en Filadelfia.

Un día, casi dos años más tarde, Mac Faggs vino a ella y le dijo: "¿Te gustaría ingresar al equipo olímpico?" Su respuesta fue típica para su juventud y reflejó las fantasías de sus muchos viajes de ida y vuelta en autobús a Nashville. "¿Tenemos que viajar?"

"Sí, claro", contestó Mac, "los juegos olímpicos de 1956 van a ser en Australia".

"¿Cuándo nos vamos?", dijo implorando.

Primero ellas tuvieron que calificar en las pruebas olímpicas en American University en Washington D.C. Durante la prueba de los 200 metros, ella comenzó liderando. Al encontrarse al frente del grupo, delante de Mae Faggs, Wilma miró alrededor para ver dónde se encontraba su amiga. Mae aligeró el paso y llegó primero. Wilma llegó de segunda. "Estoy disgustada contigo", le dijo Mae después de la reunión, "calificar no es suficiente; tú siempre tienes que ir por la de oro".

Wilma fue eliminada en las semifinales de los 200 metros en los juegos olímpicos de 1956 en Melbourne, pero continuó y ganó medalla de bronce como miembro del equipo que terminó de tercera en la carrera de 400 metros para mujeres. Estaba parcialmente feliz y parcialmente triste durante el resto de su estadía en Australia —le parecía que esta clase de desempeño no podía volver a repetirse otra vez; la próxima vez lo haría bien. Tenía sólo 16 años, todavía estaba en la secundaria y ya estaba comprometida consigo misma para ganar en 1960.

De regreso a casa resistía cualquier tentación de sacar ventaja de su nuevo estatus de celebridad. Hubiera podido mirar por encima de su nariz a los chicos de su vecindario que fueron crueles con ella cuando estuvo inválida en esas abrazaderas de metal. En lugar de eso, les dejo ver su medalla de bronce y les contó sobre lo emocionante que fue ganar. Sus antiguos atormentadores ahora eran sus amigos mientras saboreaban el sentimiento de talla mundial que llegaba sólo una vez en la vida a un pueblito como Clarkville, Tennessee.

Cuando hablamos de dedicación y persistencia, existe una tendencia a recordar sólo las luces y el brillo de la agonizante realidad en que consiste ser "de clase mundial en cualquier cosa". Es importante recordar que no había becas atléticas para mujeres en esos días, y que Wilma estaba pagando para asistir a la Universidad Estatal de Tennessee. A la vez, los entrenamientos de atletismo eran diarios. Lo que es más, era obligatorio para cada joven mujer mantener un promedio de "B" o mejor, y tomar dieciocho créditos de estudio para mantenerse como miembro del club de atletismo de Tigerbelles.

Para darse el margen de ganar, ella decidió cambiarse a un programa extracurricular autodidacta, similar al que tomó en años anteriores, cuando estaba aprendiendo a caminar sin las abrazaderas. Al darse cuenta que estaba comenzando a quedarse atrás con respecto a las otras niñas del equipo por su carga académica y su trabajo, comenzó a escaparse del dormitorio para correr en la pista de 8:00 a 10:00 pm. Luego volvía a su dormitorio a través de la escalera de incendios y se metía en la cama para cuando quitaran la luz y chequearan que todas estaban en sus dormitorios. Al amanecer, el extenuante horario de entrenamiento se reanudaba. Cada mañana corría a las 6:00 am y a las 10:00 am en punto y por la tarde otra vez a las 3:00 pm. Día tras día, año tras año, Wilma mantuvo el mismo monótono y exigente horario. ¡Y trascurrió así durante casi mil doscientos días!

5. UNA LEYENDA VIVIENTE

Cuando Wilma salió a la pista del estadio en el verano de 1960 en Roma, estaba lista. Los casi 80.000 fanáticos comenzaron a hacerle barra enloquecidamente, presintiendo que ella iba a ser una de esas deportistas olímpicas especiales que capturarían los corazones de los espectadores del mundo a través de la Historia (como Jesse Owens y Babe Didrickson lo hicieron antes que ella; y como Olga Korbut y Bruce Jenner después de ella). A medida que Wilma comenzó a hacer calentamiento para su primer evento, el canto cadente comenzó a escucharse desde la tribuna: "Wilma, Wilma, Wilma". Nunca hubo una duda en su mente o en la de ellos, sobre quién iba estar parada en la cima de la plataforma cuando se hiciera la premiación.

Wilma hizo tres participaciones electrizantes que le dieron victorias merecidas en los 100 y 200 metros, llevando al equipo de mujeres de los Estados Unidos al primer lugar en los 400 metros de relevo. Tres medallas de oro— la primera mujer en la Historia que gana tres medallas de oro en atletismo en la pista. Y cada una de las tres carreras las ganó rompiendo la marca mundial de tiempo.

Ella había sido una niña paralítica que iba en bus hasta Nashville –aislada por los vecinos pero animada por sus padres, familia y algunos amigos fieles. Ahora era Wilma Rudolph, una leyenda viviente.

Desde esos momentos en el estadio de Roma, mucho había ocurrido para recompensarla por su disciplina y sacrificios. Muchos homenajes, una audiencia privada con el presidente John F. Kennedy en la Casa Blanca, el premio a la mejor atleta femenina del año, y el prestigioso premio Sullivan, presentado al mejor atleta amateur en la nación. (Wilma fue la tercera mujer en la Historia en recibirlo). Luego siguió un libro contando la historia de su vida, junto con la adaptación de la película "Wilma" protagonizada por Cicely Tyson y Shirley Jo Finney. A través de todo eso, su callada dignidad permaneció intacta. En respuesta a sus galardones de "leyenda viviente", Wilma contestó francamente: "Cuando usted está corriendo, está comprometido; siempre está en el proceso de tratar de controlar algo. Y nunca lo alcanza. Creo que a eso se debe el nombre de campeón; en la voluntad para continuar trabajando y luchar para conseguir su excelencia a diario".

Conocí a Wilma Rudolph en Marzo de 1980 en una carrera pública inspiradora en Olympia, Washington, patrocinada por un grupo local de una iglesia. Wilma, Norman Vincent Peale y yo, éramos los conferencistas en un gimnasio enorme lleno de varios miles de niños y adultos. Cuando Wilma comenzó a contar su historia, no había nada de gesticulaciones, pontificaciones, o embelesamiento usualmente asociado con las personalidades de las plataformas. La audiencia estaba en sus manos, pero ella no los puso allí, sino que ellos mismos se pusieron en sus manos porque lo que ella contó era real. No era tanto sobre el éxtasis del triunfo; era más sobre la familia, los buenos amigos, los problemas, las oraciones, las desilusiones de la audiencia y las luchas.

Cuando ella se acercaba a su comentario de cierre, el doctor Peale se inclinó hacia mí y me susurró: "Ella realmente es una clase especial de ser humano, ¿no es cierto?" Yo moví mi cabeza en señal de acuerdo al mismo tiempo que escuchaba sus últimas palabras: "Puede haber atletas de talla mundial, y superestrellas, pero eso no los distingue como gente de clase mundial. Yo tuve muchos de los mismos problemas que ustedes cuando crecía, y espero que mi historia de alguna forma humilde pueda ayudarle a alguien a creer que puede cambiar, mejorar y crecer".

6. LO QUE VINCE LOMBARDI REALMENTE DIJO

Wilma Rudolph resultó ser vencedora sobre circunstancias increíblemente difíciles. Ella nunca permitió ser vencida. Puso su mirada en triunfar y lo hizo. Parece haber mucho más que se requiere para ganar, que ser talentoso, tener el mejor equipo o los mejores recursos financieros.

Vince Lombardi, el legendario entrenador de los Green Bay Packers, ha sido etiquetado (falsamente, en mi opinión) como el especialista en "ganar por intimidación". En muchas de las películas del tipo de pensamiento positivo, se pronuncia su frase inmortal: "Ganar no es todo; es lo único".

No estoy realmente convencido que Lombardi haya dicho eso. No estoy seguro que él haya sido interpretado correctamente. Un amigo mío de Wisconsin que oyó hablar a Vince muchas veces, y que es totalmente fanático de Packer, me mostró algunas traducciones de las charlas de Vince. Nosotros miramos estas traducciones del carismático mentor del aparentemente invencible equipo Packer, y dicen lo siguiente:

> "Ganar no lo es todo... pero el deseo de ganar sí lo es".

El orden de las palabras hace una enorme diferencia ¿no es así? Es la voluntad o la "fe en acción" lo que hace la diferencia. Quizás la más citada y popular de todas las homilías de Lombardi es una que ha llegado a ser la favorita de muchos líderes en todo campo.

7. EL SECRETO DETRÁS DE ESOS ARCOS DE ORO

Una tarde fui invitado a la casa de Ray Kroc, fundador de la afamada cadena de hamburguesas McDonald's: aunque charlamos por sólo treinta minutos o algo así, aprendí mucho acerca del hombre detrás de McDonald's. Dos frases suyas dicen más de lo que páginas enteras de su historia podrían.

La primera frase es una que mi abuela repetía mientras trabajábamos en su jardín: "siempre y cuando estés verde, estás creciendo; siempre que estés maduro, comienzas a pudrirte".

El segundo dicho de Kroc es mi favorito, como también lo era para Lombardi:

> "Presione: nada en el mundo puede ocupar el lugar de la persistencia. El talento, tampoco; nada es más común que individuos fracasados que tienen talento. La genialidad, tampoco; genios sin recompensa es casi un proverbio. La educación, tampoco; el mundo está lleno de educados en ruinas. Sólo la persistencia y la determinación son omnipotentes. [14]

Eso dice todo de por qué yo creo que la perseverancia es tan importante secreto bien guardado para conseguir el éxito. Todos quieren tenerlo pero pocos están dispuestos a hacer el esfuerzo, a pagar el precio a hacer lo que se requiere. En mis seminarios con adolescentes, le doy a cada participante un poema que escribí –en forma de afiche— que dice básicamente lo mismo que la homilía favorita de Lombardi. Creo que usted también disfrutará teniéndolo:

"Si crees que puedes, puedes"

Puedes ser un gran vencedor, aunque seas un principiante,
Si crees que puedes, puedes – si crees que puedes, puedes;
Puedes obtener la medalla de oro, o montar su propio estelión negro,
Si crees que puedes, puedes – si crees que puedes, puedes;
No es tu talento, ni tu don innato,
Ni es tu chequera la que determina tu valor;
Ni es el color de tu piel,
Sino tu actitud la que te hace vencedor.
Puedes beneficiarte de la inflación y direccionar esta nación,
Si crees que puedes, puedes –si crees que puedes, puedes.
No importa que hayas ganado antes,
No hace la diferencia lo que dice el marcador en mitad del juego;
El juego nunca se termina hasta el momento final,
Así que sigue intentando y podrás ganar,

14. Kroc, Ray A., *"Grinding It Out"* (New York: Berkley, 1978), p. 201.

Sólo aférrate a tu sueño y creelo,
Trabaja en él y lo alcanzarás;
¡Si crees que puedes, puedes –si crees que puedes, puedes!

Pensar que puedes es sólo el primer paso. Toma semanas, meses y años de persistencia sobreponerse a las dificultades.

8. NUNCA ES TARDE PARA INTENTARLO

Ray Kroc de McDonald's es un ejemplo clásico de un individuo que nunca se rindió a sus sueños. Él realmente no dio su mejor golpe hasta los 52. Comenzó a vender vasos de papel y tocando el piano en un trabajo de medio tiempo para sostener a su familia a comienzos de 1920. Después de diecisiete años con Lili Tulip Cup Company se convirtió en uno de los mejores vendedores de la compañía. Pero él hizo a un lado la seguridad con la compañía y se lanzó por su cuenta en el negocio de las máquinas de hacer malteadas. Estaba impresionado con una máquina que podía mezclar un número de malteadas al mismo tiempo.

Cuando escuchó que los hermanos McDonald estaban vendiendo cuarenta malteadas al mismo tiempo en ocho de sus mezcladoras de seis revoluciones, se fue a San Bernardino a investigar. Luego de observar el ensamblaje de producción en línea de estas hamburguesas, papas fritas y malteadas, no pudo concebir que eso se desperdiciara en un sólo sitio.

Él les preguntó a los hermanos McDonald, "¿Por qué no abren otros restaurantes como este?"

Ellos objetaron diciendo: "Sería mucho problema" y que ellos "no sabían quién podría abrirlos". Ray Kroc tenía una persona en mente. Esa persona era Ray Kroc.

El mensaje más importante en la historia de McDonald's, creo yo, es que aunque Ray Kroc pagaba sus deudas como vendedor y no comenzó su nuevo negocio hasta los 52 años, fue capaz de construir McDonald's y llevarlo hasta valer billones de dólares en veintidós años. Le tomó a la IBM cuarenta y seis años completar un billón en ganancias y a Xerox sesenta y tres años.

La perseverancia no siempre significa quedarse en lo mismo para siempre. Significa concentración total y esfuerzo hacia lo que usted está haciendo en este mismo momento. Significa hacer las cosas difíciles primero, para esperar posteriormente la gratificación y recompensa. Significa ser feliz en su trabajo, pero estar hambriento de más conocimiento y progreso. Significa hacer más llamadas, avanzar más millas, desarraigar más malas hierbas, levantarse temprano a empezar el día y estar buscando siempre la mejor forma de llevar a cabo lo que está haciendo. La perseverancia es lograr el éxito a través de la prueba y el error.

El asombro surge al saber que la mayoría de las personas no alcanzan realmente su máxima productividad hasta más tarde de lo que generalmente se piensa. Para la gente joven, eso significa que hay tiempo para adquirir conocimiento y desarrollar una carrera. Para nosotros los viejos guerreros, significa que todavía hay esperanza. Si un vendedor de vasos de papel y pianista puede construir la cadena de comida rápida más grande del mundo y si una niña talentosa de Tennessee puede quitarse las abrazaderas de sus piernas y saltar hasta llegar a ganar tres medallas de oro como las mujer más veloz del mundo, entonces ciertamente usted todavía puede convertir sus sueños en realidad. El secreto es perseverancia. ¡Presione! Nunca abandone sus sueños.

9. 10 PASOS DE ACCIÓN HACIA LA PERSEVERANCIA

1. Realice el trabajo prioritario primero. La razón por la que mucha gente gasta su tiempo "ocupándose en trabajo de poca prioridad", se debe a que es fácil de hacer y no requiere conocimiento adicional, ni habilidades o coordinación con alguien más. Organice sus prioridades sobre la base de lo que debe hacer inmediatamente, pronto, y en lo que le gustaría hacer en la medida de lo posible. Organícelas diariamente, no más tarde que en las primeras horas de la mañana del día que empieza— y preferiblemente el día anterior al finalizar sus actividades.

2. Concentre su tiempo y energías en el 20% de sus activida-

des, contactos y conceptos que le han demostrado la mayor productividad en el pasado. Recuerde la regla del 80/20, llamada así en recuerdo a Vilfredo Pareto, un economista italiano del siglo XIX: 80% del volumen de producción usualmente viene del 20% de los productores; y el 80% de la línea de producto. Lo que esto significa es que usted necesita enfocar su esfera de influencia en la gente e ideas más productivas.

3. Cada vez que usted hace un cambio en su vida, para variar lo que normalmente hace, tenga en cuenta que habrá una baja de productividad y eficiencia. No se preocupe si un cambio que haga en su profesión o manera de vivir no está dando fruto inmediatamente. Toma tiempo para asimilar el cambio. A medida que se reconstruyen la confianza y el manejo de la nueva situación, la productividad volverá a incrementarse nuevamente. No se apure; dele tiempo a que las cosas se establezcan.

4. Si falla la primera vez, inténtelo de nuevo. Si falla la segunda, haga un análisis de por qué falló. Si falla la tercera vez, sus perspectivas pueden estar muy altas por el momento. Ajuste un poca más sus metas.

5. Trate de asociarse regularmente con individuos que tengan metas similares. Muchos ingresan a grupos con los mismos problemas, como por ejemplo; sobrepeso, fumadores, etc. Reunirse una vez al mes puede proporcionar ideas que funciones y valgan la pena. El grupo de apoyo también ayuda a ejercitar la perseverancia.

6. Si usted realmente ha llegado a un punto crítico con algún problema, cambie su escenario y su actitud. Trate de relajarse y reflexionar haciendo funcionar el hemisferio derecho de su cerebro yéndose un día al mar o al campo. Recuerde que esta parte de su cerebro que le ayuda a resolver problemas siempre es útil para revisar cuando la parte lógica izquierda disminuye su producción. Esto no es escapar o acelerarse. Es contemplar el panorama y relajarse.

7. Espere siempre lo inesperado.

8. Después que haya adquirido el conocimiento general en el campo o área, concéntrese en aprender un aspecto de todos los necesarios, en forma adecuada. Especialícese antes de diversificar. Hacer algo bien hasta hacerse experto, trae confianza y reputación

de excelencia. Jack Nickluus se ha especializado en jugar golf. Ahora él puede hacer lo que siempre quiso hacer – ¡diseñar canchas de golf!

9. Sea honesto y lógico cuando enfrente sus problemas. Generalmente sólo hay dos clases de problemas: los que son fáciles de resolver (de hecho, esos sólo son realmente proyectos con los que la gente quiere trabajar), y aquellos que han llegado al estado de emergencia y son "urgentes". Una buena forma de medirlos es preguntándose" "¿Estoy invirtiendo mi tiempo en lo que es importante para mí y para mi familia, o estoy siempre tratando de cumplir con los plazos establecidos en las reuniones?"

10. Haga más de lo que le pidan y contribuya más de lo requerido. Vaya la milla extra. Recuerde, los ganadores ven el arco iris en las tormentas –y pistas de patinajes en lugar de calles congeladas. Viva la historia del niño que compró un par de patines con sus ahorros para poder patinar en la laguna congelada. Su madre, viéndolo caer, tambalearse y dudar cada vez que él intentaba levantarse, corría a rescatarlo advirtiéndole: "guardémoslos antes que te hagas daño". El niño continuaba intentándolo: "Mamá, no los compré para rendirme –sino para aprender con ellos".

10. PREGUNTAS ACERCA DE SU PERSEVERANCIA

10.1. ¿Finaliza lo que comienza? ¿Siempre? ¿Generalmente? ¿Eventualmente?

10.2. ¿Se desilusiona fácilmente? ¿Qué hace para contrarrestarlo?

10.3. ¿Los demás ven en usted a una persona orientada en sus acciones? Pregúntele a la gente que lo rodea lo que piensan al respecto.

10.4. ¿Las oportunidades están cerca o lejos de usted? Haga la lista de sus metas para este año.

10.5. ¿Insiste cuando cree que tiene la razón? ¿Por qué puede ser difícil?

10.6. ¿Convierte las piedras de tropiezo en cimientos de edificación? Trate de hacer una lista de tres o cuatro ejemplos específicos.

10
LA SEMILLA DE LA PERSPECTIVA
SER UN LANZADOR DE ESTRELLAS

1. Acercándome… o alejándome.
2. Yo prefiero ver a un ganador.
3. Mapa de auto-dimensión.
4. Vida balanceada.
5. Vivir del "Algún día yo..."
6. La encrucijada del acantilado.
7. Celebrar en lugar de acaparar.
8. El secreto.
9. Yo sé que usted entiende.

¡Todavía me sorprende como vuelan! El jumbo 747, un piloto automático para su aterrizaje computarizado, descendió de las nubes a Sydney. ¡Qué vista tan espectacular es volar sobre Sydney en una mañana soleada! Como oriundo de California, debo admitir honestamente que ninguno de nuestros puertos de la costa occidental se compara con el puerto de Sydney. No solamente es el asombroso aspecto futurista que estremece, sobresaliendo notablemente cerca al muelle. Esta casa de ópera es verdaderamente única; pero hay mucho más sobre lo cual recrear los ojos y la mente.

Sydney es como San Diego y San Francisco combinados, con un estilo de vida que es, sorprendentemente, a un ritmo más rápido que cualquiera de los dos. El puerto se extiende tanto como alcanza a la vista, y hay vida en cada tipo de especie marina inimaginable. Botes, lanchas remolcadoras, de motores interiores y fuera de borda, hidrodeslizadores, aerodeslizadores, barcos marinos, barcos de excursión, barcos pesqueros, cargueros, de pasajeros, yates, y barcos de pesca, todos parecen ser parte de una regata gigante –con carreras de apuestas que corren entre semana y con la premiación final cada fin de semana. Nunca había visto tantos botes. El puerto de Sydney los domingos hace del puerto de Newport lucir como una bañera para niños.

Mi familia y yo hemos estado viajando a Australia dos veces cada año durante los últimos veinticinco años. Amamos la enorme abundancia del campo abierto allá. Produce una mirada nostálgica hacia la América escarpada y pionera del pasado. Además contiene unos recursos minerales prometedores y un avance tecnológico que no se compara casi que a ninguna otra parte del mundo. Amamos la calidez y sentido del humor de los australianos. En nuestra primera visita, durante el camino en taxi desde el aeropuerto hacia el hotel

Wentworth, inicié una conversación amigable con nuestro conductor, quien era un hombre en sus sesentas o casi setentas.

"Absolutamente hermosa la mañana de hoy, ¿no es cierto?" le dije alegremente, mirándolo por el espejo retrovisor. Él no dijo nada por un momento y luego de arrimar el carro a la orilla de la carretera paró a un lado del camino. Luego se bajó del carro, se dio la vuelta en círculo, respirando profundo, estirándose y mirando al cielo. Yo me preguntaba si estaba teniendo un ataque.

Cuando regresó al taxi, me guiñó el ojo y sonriendo me dijo: "Estás en lo correcto, compañero. Es un día hermoso. He estado manejando desde la media noche y no había salido para notar las condiciones del tiempo, pero es realmente bello". Mi familia y yo nos reímos hasta llegar a la ciudad. Antes de llegar al hotel, le dije al conductor que nos llevara a hacer un tour por la ciudad.

"¿Qué le gustaría ver a dónde le gustaría más ir?"Dijo ladeando su cabeza.

"Realmente nos da lo mismo", le dije, "llévenos a donde usted quiera".

Nos llevó a su casa a desayunar. Dijo que tenía hambre y nos presentó a Vegemite ofreciéndonos una taza de café blanco y tostada.

En nuestro viaje más reciente tomamos el vuelo desde Sydney hasta Brisbane para nuestra última semana de conferencias y seminarios, antes de unas breves vacaciones en una de las islas de Great Barrier Reef. De allí nos programaron para una conferencia hasta Nueva Zelandia y posteriormente navegamos a California por la vía a Honolulu. Durante el vuelo, mientras miraba hacia abajo los techos de baldosas rojas y los estuarios que parecían seguir infinitamente, el piloto dirigió el avión hacía el noreste dirigiéndose a Queensland. Me preguntaba —de repente— por qué yo estaba siempre en un avión.

1. ACERCÁNDOME... O ALEJÁNDOME

Desde que mi audilibro de "Sicología del ganador" se convirtió en bestseller en 1978, he estado de viaje literalmente todas las semanas. ¿Ha escuchado de alguien que aborde un avión casi todas las semanas durante veinte años consecutivos? Ni siquiera los pilotos de las aerolíneas viajan tanto. Ha llegado a tal punto que mi perro se esconde detrás del jardinero y me ladra cuando llego a casa, y prefiero usar cubiertos de plástico para comer. No he chequeado el libro de los records de Guinness, pero apuesto que yo estaría postulándome.

He estado buscando un término adecuado para saber si me he acercado o alejado del cumplimento de mis metas. Recliné mi silla y amablemente decliné el té y las galletas ofrecidas por la aeromoza.

A medida que el piloto descendió hacia Brisbane, pensé en lo lejos que estábamos de casa. Pensé en los chicos y me acordé de las fantasías de mi juventud. Siempre, desde que tengo memoria soñaba con un viaje internacional y yendo tras el sol de Australia. Leía libros, estudiaba el atlas y veía presentaciones con diapositivas. Cada vez que veía una propaganda de Qantas en televisión, pensaba en Sydney, Perth Adelaide, Melbourne y Brisbane. Cuando mis hijos se reían con regocijo y señalaban a los pequeños koalas sentados en la balsa en el océano al final del comercial de Qantas, yo les recordaba que los koalas no eran ninguna clase de osos –eran marsupiales. Les mostraba dónde era Australia en el mapa y les prometí que los llevaría allá... algún día.

Cuando íbamos llegando en el taxi, pensé en los rápido que "algún día" había llegado. He viajado por los Estados Unidos, Canadá, Méjico, América Central, el Caribe, África, Asia y Europa. Los chicos han viajado extensivamente con nosotros, en parte porque queríamos ampliar la perspectiva de ellos conociendo las diferentes culturas y principalmente porque amamos estar juntos.

Durante el viaje en limosina hacia el hotel Parkroyal de Brisbane, todavía estaba cuestionándome por los recuerdos que vinieron a mi mente brevemente después de despegar de Sydney. ¿Por qué siempre estoy viajando en avión? ¿Estoy acercándome o alejándome de mis metas? ¿De qué se trata todo esto Alfie? Descarté las preguntas tontas y saqué mi retroproyector del baúl para completar mi equipo de audiovisuales para el seminario de la tarde, luego de la conferencia de prensa.

Las preguntas retornaron poco después que comencé mi conferencia de “La sicología del ganador” para los mil ejecutivos y sus esposas en el salón del Parkroyal. Siempre comienzo mi programa recitando mi propia versión del poema de Edgar A. Poe. “Sermones vemos” (“Sermons We See”). Lo he cambiado para adaptarlo de tal forma que “ganar” sea el ejemplo que demos a los demás:

2. PREFIERO VER A UN GANADOR

Prefiero ver a un ganador, que escuchar a uno algún día,
Prefiero caminar conmigo mismo que sólo mostrar el camino.
Los ojos son mejores pupilos y más dispuestos que el oído;
El buen consejo puede ser confuso, mientras que el ejemplo siempre es claro; Y el mejor de los entrenadores es aquel que vive sus enseñanzas; Pues ver el bien en acción es lo que todos necesitamos.
Puedo ver tus manos en acción, pero tu lengua corre muy rápido.
Y las lecciones que enseñas pueden ser muy sabias y ciertas;
Pero prefiero aprender mis lecciones observando lo que haces.
Porque puedo malinterpretarte junto con el gran consejo que brindas;
Pero no hay malentendido en tu forma de actuar y vivir.
Prefiero ver un vencedor ¡que escuchar uno algún día!

Cuando empecé a desarrollar los ejercicios para organizar las metas después del descanso, como hacia las 9:00 pm, realmente me encontré haciendo un análisis profundo. Estaba dictando la conferencia pero era como si yo mismo fuera un observador viéndome a mí mismo en movimiento. Hubo una de esas frases recordatorias nuevamente: “verme en movimiento”. ¿Es eso lo que estoy haciendo? Me preguntaba. ¿Estoy tratando de ayudar a estos individuos a crecer en su vida o estoy tratando de probarme algo a mí mismo? ¿Cuál ha sido mi obsesión de viajar por viajar constantemente durante los últimos cuatro años? ¿Por qué no he dedicado más horas a ser un modelo para mis hijos? ¿Por qué siempre hablo sobre tiempo de calidad en lugar de tiempo en cantidad con ellos?

Me enfoqué nuevamente en el ejercicio a medida que avanzaba hacia la última sesión sobre la dimensión de sí mismo y la perspectiva. Durante la parte de la organización de las metas los asistentes ya habían completado su hoja de la "rueda de la fortuna" y discutido los resultados en grupos pequeños dirigidos. El seminario iba bien. Aparentemente ellos no notaron mi preocupación con mi propia consciencia durante la primera mitad del programa.

Les pasé el segundo set de las ilustraciones de la rueda de la fortuna. Por todo el mundo, los adolescentes, ejecutivos y parejas, han opinado que el ejercicio de dimensión de sí mismos es una de sus experiencias más significativas.

"Por favor, vaya a la página del mapa de autodimensión. En este mapa hay 24 ítems diferentes. Notará los números a lo ancho de la página que van del rango de 10 a 100 puntos. Leyendo cada uno de los ítems separadamente, pregúntese: "¿Qué tan cierto es esto en mí?" –en otras palabras, tomando el primer ítem: "Tengo una variedad de amigos cercanos", es el 10% cierto en usted, 20, 30, 40, 60, 80, 100? Dese un puntaje en cada ítem, haciendo un círculo en el porcentaje en el cual usted se identifica. Sólo debe tomarle un promedio de 8 a 10 minutos completar este mapa.

3. MAPA DE AUTODIMENSIÓN

	10	20	30	40	50	60	70	80	90	100
1. Tengo una variedad de amigos cercanos.	.	.	.	.	.	.	.	.	.	.
2. Paso tiempo sólo, pensando, meditando y orando frecuentemente.	.	.	.	.	.	.	.	.	.	.
3. Hago ejercicio vigorosa y constantemente.	.	.	.	.	.	.	.	.	.	.
4. Paso tiempo de calidad y cantidad con mi familia.	.	.	.	.	.	.	.	.	.	.
5. Tengo un trabajo excelente que me paga bien.	.	.	.	.	.	.	.	.	.	.
6. Ejerzo la carrera que quiero.	.	.	.	.	.	.	.	.	.	.
7. Estoy involucrado en actividades comunitarias.	.	.	.	.	.	.	.	.	.	.
8. Disfruto leyendo libros de no ficción.	.	.	.	.	.	.	.	.	.	.
9. Hago amigos fácilmente.	.	.	.	.	.	.	.	.	.	.

	10	20	30	40	50	60	70	80	90	100
10. He estudiado la Biblia o historias religiosas.	.	.	.	.	.	.	.	.	.	.
11. Como balanceada y nutritivamente.	.	.	.	.	.	.	.	.	.	.
12. Llamo con regularidad amigos o familiares.	.	.	.	.	.	.	.	.	.	.
13. Estoy creando un fondo de retiro adecuado.	.	.	.	.	.	.	.	.	.	.
14. Veo oportunidades poco frecuentes para avanzar en mi carrera.	.	.	.	.	.	.	.	.	.	.
15. Pertenezco a asociaciones locales dentro de la comunidad.	.	.	.	.	.	.	.	.	.	.
16. Disfruto los programas de TV educativos.	.	.	.	.	.	.	.	.	.	.
17. Disfruto conociendo gente nueva.	.	.	.	.	.	.	.	.	.	.
18. Asisto a la iglesia, sinagoga, o grupo religioso.	.	.	.	.	.	.	.	.	.	.
19. Practico deportes generalmente.	.	.	.	.	.	.	.	.	.	.
20. Disfruto las fiestas y reuniones familiares.	.	.	.	.	.	.	.	.	.	.
21. Tengo una cuenta de ahorros sustancial.	.	.	.	.	.	.	.	.	.	.
22. Soy realmente bueno en mi trabajo y lo disfruto.	.	.	.	.	.	.	.	.	.	.
23. Me he ofrecido de voluntario en mi trabajo.	.	.	.	.	.	.	.	.	.	.
24. Visito ferias y librerías para ver qué hay de nuevo.	.	.	.	.	.	.	.	.	.	.

Ahora por favor vaya a la siguiente página llamada "Vida balanceada". En el mapa de auto-dimensión que usted acabó de completar, se dio un puntaje en las áreas de su vida. Por ejemplo, los números 1, 9 y 17, están relacionados con su vida social. Los números 3, 11 y 19, cubren el área física de su vida, etc. Trasfiera el resultado de cada porcentaje de los 24 ítems del mapa de auto-dimensión a la página de vida balanceada. Sume las cifras en cada una de las ocho columnas y totalice.

4. VIDA BALANCEADA

Sume las cifras de su mapa en las siguientes áreas de su vida:

Social	Espiritual	Física	Familiar
1. 10	2. 20	3. 20	4. 10
9. 10	10. 10	11. 20	12. 10
17. 10	18. 20	19. 20	20. 10
30	50	60	30
TOTAL	TOTAL	TOTAL	TOTAL

Financiera	Profesional	Ayuda comunitaria	Mental
5. 20	6. 10	7. 10	8. 50
13. 20	14. 20	15. 20	16. 20
21. 20	22. 20	23. 20	24. 100
60	50	50	170
TOTAL	TOTAL	TOTAL	TOTAL

Ahora vaya a la rueda de la fortuna y trace el total de puntos para cada una de las ocho áreas de su vida en la línea debajo del nombre del área. Cuando haya trazado los ocho puntajes, conéctelos para tener la dimensión de la perspectiva en la forma y tamaño de su rueda personal. ¿Qué tan redonda es su rueda? ¿Cómo rodaría en el camino de la vida? ¿Qué áreas de su vida tendría que perfeccionar más? Por ejemplo, ¿hay mucho énfasis en la profesión y las finanzas y no suficiente en el físico o familiar?

Yo estaba haciendo estas preguntas a mi audiencia, pero ellas hacían eco en mis oídos. No eran preguntas hechas por mí. De repente, ¡eran preguntas hechas para mí!

La rueda de la fortuna

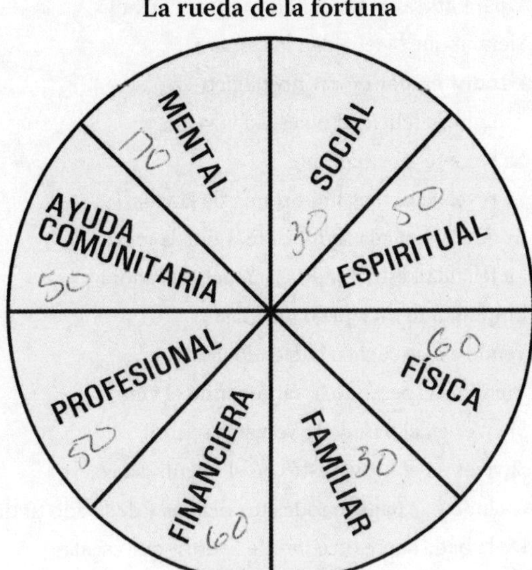

5. VIVIR DEL "ALGÚN DÍA YO..."

Yo estaba un poco apagado cuando sacaba las conclusiones de la reunión hacia las 10:30 pm. Cerré con mi versión propia sobre la perspectiva de la vida, la cual apunta hacia la importancia de no ser un espectador de ella. Tiene más significado para mí que ninguna de mi otra poesía:

"Hay una isla fantasiosa"

Existe un "algún día yo..." que nunca veremos
Cuando la recesión se acabe, la inflación pare
Nuestra hipoteca esté paga y nuestro salario suba
Ese "algún día yo..." en que los problemas terminen
Donde cada pieza de correo sea de un amigo
y los niños sean tiernos y hayan crecido
Cuando todas las demás naciones sea autónomas
y todos los retirados tengan cuarenta y un años
Y jueguen backgammon en la isla del sol
Y la mayoría de la gente triste confíe en el mañana

Y para borrar la dificultad y tristeza de hoy
Sientan que la felicidad los espera
Y transiten por un día nostálgico
Aunque la felicidad no esté a la vista
Ni se gane, ni se compre
La revelación más importante de la vida
Es que la jornada significa más que la meta
La felicidad está donde te encuentras ahora
Empuñando un lápiz o una pala
Yendo a la escuela o haciendo una fila
Viendo y esperando, o saboreando el vino
Si vives en el pasado te volverás senil
Si vives en el futuro estás en el "algún día yo..."
Cuando has pagado todas tus deudas y dedicado tu tiempo
De la nada surge otro monte Everest que escalar
Entonces, de ahí en adelante hazlo tu causa
Aférrate a "algún día yo" ¡y hazlo tuyo hoy!

Después que el último participante del seminario se fue, caminé despacio hasta el lobby y subí hasta mi cuarto.

Mirando al espejo susurré para mí: "Fue un extraño quien desarrolló el programa de hoy. El verdadero Denis Waitley está en casa trabajando en su jardín de rosas, jugando con sus hijos y su perro. Ese hombre parado en el escenario estaba viviendo en "algún día yo..."

La siguiente mañana me fui por un par de días de descanso a Heron Island, cerca a Great Barrier Reef.

5. LA ENCRUCIJADA DEL ACANTILADO

Cuando llegamos a la isla, yo estaba decidido a pescar un rato. El único bote disponible era uno de remo de diez pies en aluminio. Lo tomé de todas formas porque quería irme hasta los lados del arrecife en busca de un poco de tranquilidad mental y comunión con mi Creador. Aunque estaba acostumbrado a los cruceros, mi pequeño botecito de remos tendría que ser suficiente para hoy. La marea estaba más pesada de lo que esperaba y remé más lejos de lo que debía, así que pronto estuve fuera de la vista del lugar donde mi familia se estaba bronceando. Puse un poco de carnada en el gancho y lo bajé cerca de treinta pies sin tener la más remota idea de lo que había allá abajo.

Hasta el día de hoy, no sé exactamente la secuencia de los eventos durante los siguientes sesenta segundos. El pez debió pesar por lo menos veinte libras, según la fuerza que ejerció al otro extremo de mi caña de pescar. Me halaba mis brazos fuera del bote y yo debí tratar de pararme para ganar algo de equilibrio. El bote se volteó. En el siguiente instante yo estaba en el agua, con el anzuelo envuelto alrededor de mi pierna y el bote hundido. La adrenalina comenzó a fluir y el latido de mi corazón se aceleraba ante la realidad. Este no era un seminario ni uno de mis ejercicios de simulacro. Esta no era una aventura de Peter Benchley, con un parecido de Denis Waitley. Yo estaba en verdadero peligro de perder más que el pez y el bote.

Habiendo sido piloto entrenado en caso de ataque y un nadador fuerte, no tuve pánico. Era el ex piloto de mediana edad más tranquilo y completamente fuera de forma, en el medio del océano. Me tomó más de un minuto desatarme del ancla y salir a la superficie. Luchando por respirar, me tomó sólo otro minuto sobrevivir a la situación. Estaba a ocho mil millas de mi hogar, lejos de Great Barrier Reef en Australia. No había otros botes y estaba a más de una milla de la orilla. Nadie podía oírme o verme y ya estaba agotado de estar debajo del agua por tanto rato.

Le dije a mi familia que volvería hacia las 2:00 pm, lo cual me daba otras tres horas en las que me ahogaría confortablemente antes que ellos comenzaran a preocuparse. Estaba preocupado con justa razón porque estaba seguro que no podría nadar la distancia hasta la orilla sin ser arrastrado por la fuerza de la corriente hasta los arrecifes y la boca de la bahía. Mi única esperanza de sobrevivir era recuperar el bote. Todavía tenía la cadena del ancla en mi mano y operando bajo el principio que los objetos pesan menos bajo el agua que fuera de ella, comencé a halar despacio hasta sacar mi bote de diez pies y "última esperanza" a la superficie.

Me tomó por lo menos otra hora para sacar el bote halándolo con la cadena del ancla. Para ese momento, la corriente me llevó peligrosamente cerca al primer grupo de formaciones coralinas cercanas al arrecife. Decidí dejarme llevar hasta los corales para tratar de arrimarme a una de las rocas y simultáneamente enderezar el bote. Recordando esa dificultad, fue el riesgo más ridículo que he tomado. Debo admitir, sin embargo, que estaba poniendo mucha fe en el Señor para que espaciara los intervalos de las olas y me ayudara a subirme a las piedras en el primer intento.

La primera ola grande me tiró sobre las rocas girando velozmente entre la corriente. El bote estaba averiado pero todavía intacto. Dejé que la corriente me alejara de las rocas y me posicioné sumergido en el bote, listo para el impacto de las siguientes olas. Cuando llegaron me sacaron lejos de las rocas y voltearon el bote nuevamente, vaciando el agua que lo había mantenido sumergido. Me las arreglé para dirigir el bote remando medio lleno de agua del mar, lejos de las rocas y hacia la bahía a una milla de distancia.

Aunque estaba impactado y cansado, me sentía eufórico con la idea que Dios me había permitido vivir un día más. Cuando me vi las piernas, no estaba muy seguro. Mis piernas se habían cortado con los corales y estaba dejando sangre detrás del bote. Mi corazón se me fue a la garganta cuando pensé en "Quint" luchando con el gran tiburón blanco en la película de "Tiburón" ("Shark"). ¿Alguna vez ha visto un bote de remo de diez pies... sin remos, recorrer una milla en menos de media hora?

Sentado en la bahía, con las piernas vendadas el siguiente día, era apropiado que seleccionara *El lanzador de estrellas* (*The Star Thrower*) de Loren Eiseley, para leerlo mientras me recuperaba. No le he contado a mi familia qué tan cerca estuvo de ser "ricos con el seguro". No quise preocuparlos y además, ¿por qué tengo que compartir mi propia estupidez con mi familia que todavía cree que soy brillante? Hojeé el libro hasta que encontré un título en el banquete de ensayos seleccionados por Eiseley. Después que terminé de leer la página catorce cerré el libro y lo puse sobre la sábana. Tomé a mis hijas de la mano y fuimos a caminar por entre las olas, parándonos muy cuidadosa y despaciosamente entre las rocas debido a mi dificultad en las piernas, descubriendo, por casualidad, el décimo secreto mejor guardado para obtener el éxito total.

7. CELEBRAR EN LUGAR DE ACAPARAR

Cuando Eiseley escribió *El lanzador de estrellas,* debió tener a alguien como yo en mente. Es la historia de un hombre de mi edad, que va a la orilla del mar a tratar de obtener una verdadera perspectiva de la vida. Me recuerda mucho de uno de mis libros favoritos. *Regalo del mar* (*Gifts from the Sea*), de Anne Morrow Lindbergh. Desde el momento en que leí la historia y analicé su significado, decidí que fui puesto sobre la tierra para ser un lanzador de estrellas. Es interesante que yo, como cristiano, pueda interpretar un ensayo escrito por un humanista y naturalista, encontrando un significado profundo y espiritual en él para mí. Este es uno de los grandes regalos de Dios –que Sus discípulos pueden aprender de toda experiencia.

El lanzador de estrellas cuenta sobre un hombre, en su esplendor que observa los recolectores de mariscos en la playa en plena temporada alta de turismo, particularmente después de una tormenta, envueltos en una especie de avaricia maligna por sobrepasar la recolección a la de los recolectores menos audaces. Él los mira revolviendo la arena al amanecer con bultos de estrellas marinas recogidas, junto con cangrejos ermitaños, erizos de mar, y otros mariscos. Discutiendo, unos encima de otros, sobrecargados, se enfrascan en una especie de frenesí peleando por esos especímenes. Los recolectores de camarones proceden a hervir los mariscos con todo y sus "casas", en un lugar provisto por los hoteles como un servicio para los huéspedes, quienes les mostraran con orgullo sus colecciones a sus familiares envidiosos y a sus amigos al regreso del viaje.

He conocido mucha gente con la moralidad de los recolectores. Personas así no se ven sólo a la orilla de la playa. Los hay en todo país, ciudad y hogar. Son las personas que están tratando de recolectar vida y felicidad personal. Son los consumidores.

A medida que avanzaba en el libro de Eiselye, pensaba qué tan fácilmente yo podría haber sido el hombre de edad media de esta historia.

Él notó una figura humana solitaria parada cerca de la orilla del agua en el centro de un arco iris causado por el salpicar del oleaje. La figura se encorvó, luego se paró para lanzar un objeto fuera del mar, más allá del romper de las olas. El espectador (que habría podido ser yo) finalmente se acercó a la figura y le preguntó qué estaba haciendo. El viejo con la cara bronceada y desgastada le contestó suavemente; "Soy un lanzador de estrellas".

Esperando ver un erizo de mar, o quizás un guijarro como los que le gustaba tirar al agua para divertirse –el hombre joven se acercó para ver mejor. El anciano, con un movimiento rápido y gentil cogió otra estrella de mar y la arrojó graciosamente mar adentro. "Puede vivir", dijo, "si la marea es lo suficientemente fuerte".

Este era un ser humano que no era un recolector. Dijo que había decidido ser una parte andante de la vida y se dedicaba a ayudar a dar otro día, otra semana, otro año, otra oportunidad, a la vida. El hombre más joven, silenciosamente, dejó ir en libertad a una estrella todavía viva. Se sintió como un jardinero sembrando—sembrando semillas de vida. Miró atrás por encima de sus hombros. Contra el arco iris, el viejo lanzador de estrellas se agachó y lanzó una vez más. Entonces él entendió el secreto.

8. EL SECRETO

El secreto del lanzador de estrellas es para que todos nosotros sepamos— y vivamos de acuerdo a eso. La vida no se puede acaparar. La felicidad no se puede transferir, ni poseer, ni desgastar o consumir. La felicidad es la experiencia espiritual de vivir cada minuto con amor, gracia y gratitud. El regalo de la vida no es la búsqueda de un tesoro. No se puede buscar el éxito. El secreto es convertir una vida de acaparamiento en una vida de celebración.

Todos los secretos mejor guardados dependen de su perspectiva –cómo ve usted la vida en sí. Las semillas de grandeza son las respuestas o actitudes que usted desarrolla como resultado de "ver" el mundo más claramente. Cuando usted ve más claramente, usted se ve a sí mismo como valioso y su autoestima crece fuerte. Ver con claridad le permite a su imaginación crear y elevarse. Le da la capacidad de comprender que usted es responsable de aprender y contribuir a la vida tanto como pueda.

Cuando usted ve la vida desde adentro, encuentra en la sabiduría, el propósito y la fe, los cimientos para edificar su familia. Usted ve a través de los ojos del amor, alcanzando y tocando a todos aquellos con quien hace contacto. Ver desde adentro es tener el coraje de adaptarse al cambio y perseverar cuando las circunstancias son abrumadoras. Ver desde adentro es creer que cada día vale la pena plantar belleza y bondad.

En este capítulo no he centrado la atención en el secreto mejor guardado en la forma en que lo he hecho en los otros. Eso se debe a que en perspectiva –ver la vida desde adentro— no solamente es el décimo y último secreto; es la verdadera esencia de todo lo que he escrito en este libro. La forma en que vemos la vida es lo que hace toda la diferencia.

Mi abuela plantó en mí las semillas mientras trabajábamos en su jardín, enseñándome cómo "ver" la vida. Mucha gente va por su vida parándose encima de las flores y resaltando la mala semilla. La abuela me enseño a sacar las malas semillas, mientras me deleito y saboreo el esplendor y la fragancia de las flores.

9. YO SÉ QUE USTED ENTIENDE

Siempre recordaré la noche de Navidad en que recibí esa llamada. Estaba en la Florida completando un trabajo de investigación fundamental, antes de regresar a California. Fue nuestra primera navidad lejos de nuestros padres y abuelos. Escuché la voz de mi madre susurrando suavemente al otro lado de la línea. Me estaba diciendo de mi abuela, la inolvidable dama que plantó esas semillas de grandeza en mí muchos años atrás.

Mi abuela estaba levantada y vestida como siempre, a las seis de la mañana. Había empacado algunas cosas en un pequeño bolso y estaba sentada en su cama cuando mi madre entró a su habitación. En el hospital, le hicieron las pruebas necesarias para una persona de ochenta y siete años, cuando se siente débil. Decidieron admitirla y hacerle algunas pruebas. Ella nunca había estado es el hospital y preguntó si se podía ir a casa y regresar otro día, cuando fuera más conveniente para todos.

Ella quería estar en casa con la familia para Navidad, como había sido su tradición durante ocho décadas. El doctor insistió que ella se quedara y ella aceptó calladamente. Se cepilló el cabello y se vistió con una hermosa bata acolchada rosada, con un lindo lazo en el cuello. Ella y mi madre hablaron sobre el menú para la cena familiar que se celebraba la noche siguiente.

Era casi el atardecer, dijo mi madre. La música de navidad se escuchaba suavemente en la recepción de la enfermería. Mi abuela tomó la mano de mi madre y la apuró para que se fuera a la casa por un rato. Había sido un día largo y todavía había mucho por hacer para que mi madre terminara de preparar la reunión navideña.

"Mejor te vas a casa, Yo estaré bien", le aseguró mi abuela a mi madre, "sólo quiero estar un rato conmigo y ver este hermoso atardecer".

A regañadientes, mi madre se fue, prometiéndole que regresaría pronto. En los siguientes minutos, la abuela había visto su último atardecer –sólo para despertar y ver al Señor, cara a cara.

Mientras me despedía de mi madre y colgaba el teléfono, mis ojos se llenaron de lágrimas. Crucé la puerta y me fui al jardín. Tomé una flor y me senté en la tierra. Era el día de graduación para mi abuela. Otro comienzo –otro nuevo jardín para ella. Fielmente, ella había cuidado el de esta tierra. Ahora había subido a un paisaje más hermoso.

Mientras pensaba en ella, mis recuerdos volvían al jardín de la abuela donde solíamos sentarnos y hablar en la sombra de su árbol de "cirue-coques", muchos años atrás. Aún podía escuchar sus suaves palabras:

"Siempre cosecharás lo que siembres, mi niño. Planta semillas de manzanas y cosecharás arboles de manzana; planta las semillas de grandes ideas y cosecharás grandes individuos. ¿Entiendes lo que te quiero decir?"

Entiendo ahora. Y yo sé que usted entiende, también.

Herramientas para Triunfadores

El Factor X

Dr. Camilo Cruz

ISBN: 1-607380-00-5

240 páginas

Muchas personas viven agobiadas y estresadas por la multitud de tareas, compromisos, diligencias, reuniones y actividades que saturan su día y no les dan espacio para ellas mismas. Y este estrés puede ser la causa de múltiples enfermedades, envejecimiento prematuro y hasta de muerte.

Ahora imagínate cómo transcurriría tu día si pudieras identificar con absoluta certeza aquellas actividades que agregarán mayor valor a tu vida de manera que pudieras enfocar ellas toda tu atención, al tiempo que lograr eliminar la multitud de trivialidades y asuntos sin importancia que congestionan tu día. ¿Qué sucedería si antes de tomar cualquier decisión o salir tras cualquier meta, supieras identificar, sin temor a equivocarte, el camino que debes seguir; aquel que te permitirá disfrutar niveles de éxito, felicidad y prosperidad que nunca has imaginado?

Esa habilidad para determinar la actividad adecuada, el sueño ideal o el camino indicado a seguir de entre todas las opciones que podamos tener a nuestra disposición es lo que el Dr. Camilo Cruz llama, El Factor X. Cuando somos incapaces de enfocar nuestro esfuerzo en el logro de un objetivo claro, nuestro trabajo es ineficiente e improductivo. Pero si logramos enfocar nuestras acciones podremos lograr cosas increíbles. Descubre tu Factor X y comienza a vivir hoy la vida que siempre soñaste vivir.

Herramientas para Triunfadores

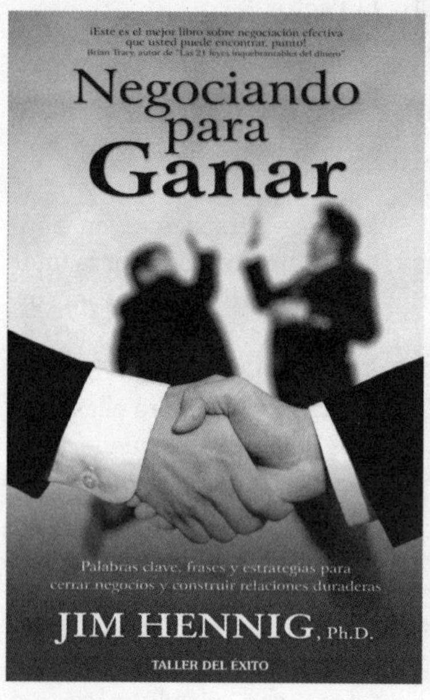

Negociando para Ganar

Jim Hennig, Ph.D.

ISBN: 1-607380-04-8

216 páginas

"Negociando para ganar" le ofrece estrategias actuales que pueden ayudarle a sacar adelante cualquier negociación. Con la filosofía de éxito del experto en negocios, Jim Hennig, usted aprenderá como cerrar negociaciones sin esfuerzo, empleando preguntas sencillas, escuchando efectivamente, con honestidad e integridad y construyendo relaciones duraderas. No importa si usted es un ejecutivo profesional o un principiante en el arte de la negociación, las estrategias privilegiadas de Hennig le enseñarán a:

- Manejar negociadores difíciles (o imposibles).
- Negociar desde una posición débil.
- Resolver diferencias antes que ellas se presenten en el camino.
- Evitar errores comunes en las negociaciones.
- Cómo obtener y dar concesiones efectivamente.

A través de docenas de estrategias probadas, consejos, palabras de poder, frases y diálogos en tiempo real, "Negociando para Ganar" le ayuda a lograr sus objetivos de cultivar a esos clientes nuevos y antiguos que quieren hacer negocios con usted.

Jim Hennig es un experto en negociación y consultor frecuentado por muchas compañías del grupo Fortune 500. Fue presidente de la Asociación Nacional de Conferencistas (NSA) y obtuvo el prestigioso galardón "Salón de la Fama" de la NSA.

Herramientas para Triunfadores

Habla como un triunfador
Steve Nakamoto
ISBN: 1-607380-14-5
216 páginas

La comunicación es una de las habilidades más importantes del ser humano porque, de utilizarse eficazmente, nos garantiza el éxito en nuestras relaciones interpersonales. Sin embargo, desconocemos el poder de la comunicación en nuestra vida y es una de las destrezas ¡que menos sabemos utilizar! Existe una amplia mayoría de personas que hasta ahora, nunca han aprendido la forma productiva y eficaz de comunicarse.

En esta obra práctica y amena aprenderás 21 pasos definitivos para acelerar tu éxito a través de una comunicación diaria efectiva. Usando estas poderosas pautas en tu rutina diaria tendrás la oportunidad de mejorar radicalmente tu vida a nivel personal y profesional, de las siguientes formas:

- Desarrollarás una confianza incomparable.
- Te conectarás más rápido y fácil con tu entorno.
- Mantendrás tus conexiones románticas vivas.
- Lograrás agradarle a muchas personas y ganarás su respeto.
- Mostrarás lo mejor de ti y de otros.
- Evitarás costosas e innecesarias discusiones.
- Construirás relaciones fuertes que perdurarán para toda tu vida.
- Disfrutarás de libertad ilimitada para expresarte en cualquier momento y en cualquier sitio.

Herramientas para Triunfadores

Descubre tu potencial ilimitado

Cynthia Kersey

ISBN: 1-607380-009-9

256 páginas

¡Ningún obstáculo ha sido demasiado grande para los que conocen y utilizan su potencial humano ilimitado! Desde el logro más grande que se haya alcanzado en el mundo hasta las metas personales más sencillas propias de las luchas que libramos diariamente, el potencial ilimitado es la fuerza que irrumpe a través de las múltiples y más frecuentes barreras que enfrentamos, y nos da la victoria.

Pero, ¿cómo desarrollar ese potencial ilimitado e incontenible? ¿Está únicamente al alcance de los que tienen habilidades excepcionales? ¿Debe alguien nacer con ese don especial?

Existen tres clases de individuos: los que hacen que las cosas sucedan, los que ven las cosas suceder, y los que se preguntan qué pasó. ¿Quién de estos eres tú?

Las personas que tú estás a punto de conocer en estas páginas serán tus maestros, mentores y amigos, tus modelos de carne y hueso, que a través de las circunstancias difíciles en sus vidas, han demostrado lo que se puede lograr con convicción y voluntad férreas. Así como tú enfrentas ahora las adversidades, ellos también afrontaron tus mismas situaciones, y quizás... hasta obstáculos aún más altos que los tuyos...y sin embargo, continuaron adelante con perseverancia. Sus experiencias confirman que si, simplemente no nos damos por vencidos, jamás fracasaremos.